Mis Recetas
100 % Mexicanas

Mis Recetas 100 % Mexicanas

Elizabeth Castillo

Número de Control de la Biblioteca del Congreso de EE. UU.:   2011915292
ISBN: Tapa Blanda   978-1-4633-0913-8
                         Libro Electrónico   978-1-4633-0912-1

Para pedidos de copias adicionales de este libro, por favor contacte con:
Palibrio
1663 Liberty Drive
Suite 200
Bloomington, IN 47403
Llamadas desde los EE.UU. 877.407.5847
Llamadas internacionales +1.812.671.9757
Fax: +1.812.355.1576
ventas@palibrio.com
356806

INDICE

DESAYUNOS

CENAS

POSTRES

SALSAS

BEBIDAS

ESPECIALES

Dedicatoria

Con Gratitud:
A Dios Que Da La Existencia De Todo
Con Amor:
A Mi Esposo, Madre E Hijos
(Felipe, Chepita, Adan, Adriana, Ana Y Adi)

Mamá   Chile

LOS TEXTOS SON TOMADOS DE LA VERSION
LA PALABRA DE DIOS PARA TODOS

INTRODUCCION

ESPERO QUE CON ESTE LIBRO, RECUERDES Y RECONOSCAS EL PODER DE
NUESTRO DIOS QUE EL SIENDO OMNIPOTENTE ES DETALLISTA.

EL PONE A CADA ALIMENTO SU SABOR, OLOR, COLOR Y TEXTURA PARA QUE
TODOS LO DISFRUTEMOS.

¿LO DISFRUTAS TU?

TE INVITO QUE JUNTOS LO HAGAMOS DISFRUTEMOS DEL ALIMENTO FISICO Y
ESPIRITUAL PARA SU GRORIA

QUE MIENTRAS PREPARAS UNA DE ESTAS RECETAS MEDITES EN LA BIBLIA
QUE ES LA PALABRA DE DIOS Y DE ESA MANERA LE DES ALIMENTO TAMBIEN
A TU ESPIRITU Y LO COMPARTAS CON TU FAMILIA COMO COMPARTES EL
ALIMENTO FISICO.

YA QUE ES UNA RESPONSABILIDAD DE CADA MUJER ALIMENTAR
NUTRITIVAMENTE A SU FAMILIA.

DISFRUTALO Y HASLO DE UNA MANERA INTEGRAL.

SOPAS

· · · · · · · · · ·

DE MARISCOS

INGREDIENTES:

2LB/900G DE FILETE DE PESCADO (DE TU PREFERENCIA) 4 LIMONES

1LB/450G DE CAMARONES 4 CHILES VERDES

8 OZ/200G DE ACAMAYA (PUEDE SER IMITACION) 1 CEBOLLA MEDIANA

10 CHILES GUAJILLOS 4 DIENTES DE AJO

1TSP/5ML DE SAL 1 RAMITA DE EPAZOTE

16 CUPS/4L DE AGUA 1/2TBSP/7.5 ML DE
ACEITE PARA COCINAR

PREPARACION:

SE TUESTAN LOS CHILES GUAJILLOS EN UN SARTEN O COMAL LOS LICUAS JUNTO CON LA CEBOLLA LOS AJOS Y 2CUPS/500ML DE AGUA. EN UNA OLLA SE PONE EL ACEITE CUANDO YA ESTA CALIENTE SE AGREGA LO LICUADO, TENIENDO EL CUIDADO DE COLARLO ANTES DE AGREGARLO.SE LE PONE LA SAL Y EL EPAZOTE, DESPUES DE QUE HIRVIO SE LE AGREGA EL FILETE,CAMARON Y ACAMAYA PREVIAMENTE LABADOS Y SE LE AGREGA EL RESTO DEL AGUA ANTES DESCRITA SE DEJA HERVIR POR 30 MINUTOS MAS Y LISTO.

LOS CHILES SE PICAN FINAMENTE Y LOS LIMONES SE PARTEN EN 4 PEDAZOS, SE PONEN EN UN PLATITO.

LOS MORTALES COMIERON PAN DE LOS ANGELES DIOS LES ENVIO COMIDA ABUNDANTE.

SALMOS 78:25

DE VERDURAS

INGREDIENTES:

½ LB/250G DE PAPA

½ CEBOLLA MEDIANA

1 TSP/5ML DE SAL

8 CUPS/2L DE AGUA

2 CHILES SERRANOS

½ TBSP/7.5ML DE ACEITE

1/2LB/250G DE ZANAHORIAS

1 ELOTE

½ LB/250G DE EJOTES

3 JITOMATES ROMA GRANDES

½ TSP/2.5ML DE COMINO MOLIDO

PREPARACION:

SE LICUA EL AJO, LA CEBOLLA, EL COMINO, LOS JITOMATES Y EL CHILE, EN UNA OLLA SE PONE EL ACEITE A FUEGO MEDIO, SE ESPERA A QUE EMPIECE A HERVIR Y SE INCORPORAN LAS ZANAHORIAS PICADAS EN CUADRITOS, DESPUES DE 5 MINUTOS SE AGREGA EL RESTO DE VERDURAS PICADITAS Y EL ELOTE REBANADO, SE LE INCORPORA LA SAL Y SE ESPERA 30 MINUTOS MAS Y TU SOPA ESTA LISTA.

SI COMES MUCHO PICANTE LE PUEDES PONER MAS CHILE, PERO SINO LO PUEDES OMITIR.

PORQUE TUVE HAMBRE Y NO ME DIERON DE COMER.
TUVE SED Y NO ME DIERON DE BEBER.
SAN MATEO 25:42

CON POLLO

INGREDIENTES:

6 PIEZAS DE POLLO DE SU PREFERENCIA

1 PAQUETE DE SOPA DE PASTA DE TRIGO
  DE TU PREFERENCIA (7 OZ/200G)

1 JITOMATE PICADO

3 DIENTES DE AJO PICADOS

½ TSP/2.5ML DE COMINO MOLIDO

AGUA AL GUSTO

UNA RAMITA DE YERBABUENA

2 CHILES SERRANOS PICADOS

½ CEBOLLA MEDIANA PICADA

½ TBSP/7.5ML DE ACEITE

PREPARACION:

SE LAVA BIEN EL POLLO Y SE COCE CON AGUA POR ESPACIO DE 20 MINUTOS O HASTA QUE EL POLLO ESTE UN POCO BLANDITO, EN UN SARTEN SE PONE EL ACEITE Y CUANDO YA ESTE CALIENTE SE AGREGA LA CEBOLLA, LOS DIENTES DE AJO Y LA SOPA. CUANDO TODO ESTE BIEN DORADITO SE LE PONE UNA TAZA DE AGUA, EL COMINO, LOS CHILES, EL JITOMATE Y LA RAMITA DE YERBABUENA. CUANDO ESTE HIRVIENDO BIEN TODO LO AGREGAMOS A LA OLLA DONDE ESTA EL POLLO, SE ESPERA 20MINUTOS MAS Y LISTO.

CUANDO TE SIENTES A COMER CON ALGUIEN IMPORTANTE, RECUERDA BIEN CON QUIEN ESTAS.
PROVERBIOS 23:1

PREFERIDA

INGREDIENTES:

1 PAQUETE DE SOPA DE
CODITO DE 7OZ/200G

6 REBANADAS DE JAMON DE TU PREFERENCIA
PICADO EN CUADRITOS

1 CUCHARADA DE CALDO DE POLLO
CON JITOMATE EN POLVO O 1 CUBITO

1 BARRA DE MANTEQUILLA ¼ DE LIBRA/110G

½ CEBOLLA MEDIANA PICADA

½ TSP/2.5ML DE COMINO MOLIDO

1 CREMA AL NATURAL DE 16OZ/453G

1 LATA DE ELOTE DE
15OZ/420G

QUESO RALLADO (AL GUSTO)

3 DIENTES DE AJO PICADOS

AGUA LA NECESARIA

PREPARACION:

EN UNA OLLA SE PONE A COCER LA SOPA CON SUFICIENTE AGUA, YA COCIDA SE ESCURRE.

EN OTRA OLLA SE DERRITE LA MANTEQUILLA, SE AGREGA LOS AJOS Y LA CEBOLLA CUANDO YA ESTEN DORADOS SE INCORPORA TODA LA CREMA, EL CALDO DE POLLO Y EL COMINO.

CUANDO ESTE HIRVIENDO SE AGREGA LA SOPA, EL JAMON Y EL ELOTE SE REVUELVE CONSTANTEMENTE, SE ESPERA 5 MINUTOS Y SE RETIRA DEL FUEGO.

YA FUERA DEL FUEGO SE LE PONE QUESO A SU GUSTO.

SE SIRVE CON TOSTADAS.

ASI QUE ANDA AHORA, COME, BEBE, DISFRUTA Y SE FELIZ. TRANQUILO, QUE DIOS APRUEBA ESO.
ECLESIASTES 9:7

ARROZ ESPECIAL

INGREDIENTES:

1 TAZA DE ARROZ DE TU PREFERNCIA

1 PAPA MEDIANA PICADA

3 DIENTES DE AJO PICADOS

½ TSP/2.5ML DE COMINO MOLIDO

1 CUCHARADA DE CALDO DE POLLO
EN POLVO CON JITOMATE

1 TSP/5ML. DE ACEITE

2 ZANAHORIAS MEDIANAS PICADAS

1 ELOTE REBANADO

½ CEBOLLA MEDIANA PICADA

3 TAZAS DE AGUA O CALDO

PREPARACION:

EN UN TRASTE APROPIADO SE PONE A CALENTAR EL ACEITE CUANDO YA ESTA CALIENTE SE LE AGREGA EL ARROZ, EL AJO Y LA CEBOLLA SE DORA MUY BIEN TODO ESTO JUNTO, CUANDO YA ESTA DORADO SE LE PONE EL AGUA, O EL CALDO DE POLLO, VERDURAS Y COMINO SE BAJA DEL FUEGO CUANDO YA ESTE SECO.

ES IDEAL PARA GUARNICION DE CUALQUIER GUIZADO.

LA SEGUNDA SERA LA FIESTA DE LA COSECHA. ESTA FIESTA LA CELEBRARAS CUANDO COMIENCES A COSECHAR LO QUE HAYAS SEMBRADO EN TUS CAMPOS.
LA TERCERA SERA LA FIESTA DE LA RECOLECCION. SE LLEVARA A CABO EN EL OTOÑO CUANDO TERMINES DE COSECHAR TODO LO QUE CRECIO EN TUS CAMPOS.

EXODO 23:16

ARROZ CON FRIJOLES

INGREDIENTES:

½ TAZA DE ARROZ

½ TAZA DE FRIJOLES

1TSP/5ML DE ACEITE

½ CEBOLLA MEDIANA PICADA

AGUA LA NECESARIA

½ TSP/2.5ML DE COMINO MOLIDO

3 DIENTES DE AJO PICADOS

½ TSP/2.5ML DE SAL

PREPARACION:

EN UNA OLLA SE PONE A CALENTAR 8 TAZAS DE AGUA APROXIMADAMENTE CUANDO EMPIESE A HERVIR SE LE AÑADEN LOS FRIJOLES YA LAVADOS, DESPUES DE 20 MINUTOS LE AÑADES EL ARROZ.

ANTES DE AÑADIRLO A LOS FRIJOLES EL ARROZ LO TOSTARAS DE LA SIGUIENTE MANERA. PONES EL ACEITE EN UN SARTEN, CUANDO YA ESTE CALIENTE PONES EL AJO, LA CEBOLLA Y EL ARROZ A QUE DOREN. CUANDO YA ESTA DORADO LE AÑADES UNA TAZA DE AGUA, EL COMINO Y LA SAL ESPERAS A QUE ESTE HIRVIENDO Y ENTONCES LO AÑADES A LA OLLA DONDE SE ESTAN COSIENDO LOS FRIJOLES, ESPERAS A QUE EL ARROZ ESTE BIEN COSIDO Y A DISFRUTARLO ACOMPAÑALO CON UNA SALSA Y TORTILLAS.

UNOS CREEN QUE SE PUEDE COMER TODA CLASE DE ALIMENTOS, PERO OTROS QUE TIENEN DUDAS CREEN QUE SOLAMENTE SE PUEDE COMER VERDURAS. EL QUE COMA TODA CLASE DE ALIMENTOS NO DEBE CREERSE MEJOR QUE AQUEL QUE NO COME DE TODO. Y EL QUE NO COME DE TODO NO DEBE CRITICAR AL QUE COME TODA CLASE DE ALIMENTOS, PUES DIOS LO ACEPTO ASI.

ROMANOS 14:2,3

DE ELOTE

INGREDIENTES:

2 TAZAS DE ELOTE RALLADO

3 DIENTES DE AJO PELADOS Y PICADOS

3 TAZAS DE AGUA

1 TSP/5ML DE ACEITE

½ CEBOLLA MEDIANA Y PICADA

½ TSP/2.5 ML DE SAL

PREPARACION:

SE LICUA EL ELOTE, AJO, CEBOLLA Y AGUA, UNA VEZ QUE YA ESTE LICUADO LO COLAMOS.

EN UN TRASTE APROPIADO SE PONE A CALENTAR EL ACEITE, YA CALINTE SE LE PONE LO LICUADO ESPERAMOS 20 MINUTOS Y YA ESTA.

SE SIRVE EN UN PLATO HONDO CON TOSTADAS.

EL QUE LE DA MAS IMPORTANCIA A UN DIA QUE A OTRO, LO HECE PARA AGRADAR AL SEÑOR. EL QUE COME TODOS LOS ALIMENTOS LO HACE PARA AGRADAR AL SEÑOR, QUE LE DA GRACIAS. EL QUE NO COME DE TODO, LO HACE TAMBIEN PARA EL SEÑOR, Y LE DA GRACIAS.

ROMANOS 14:6

DE PAPA

INGREDIENTES:

1 LB/1/2 K DE PAPA PICADAS EN CUADRITOS
½ CEBOLLA MEDIANA PICADA
½ TBSP/7.5ML DE ACEITE
2 CHILES JALAPEÑOS
1 CUCHARADA DE CALDO DE POLLO N POLVO CON JITOMATE.

2 DIENTES DE AJO PICADOS
½ TBS/2.5ML DE COMINO MOLIDO
2 JITOMATES MEDIANOS
6 TAZAS /1.5L DE AGUA

PREPARACION:

PONEMOS EN LA LICUADORA EL JITOMATE, CEBOLLA, CHILES, AJO Y 1 TAZA DE AGUA, LICUAMOS.

EN UNA OLLA PARA SOPA PONEMOS A CALENTAR EL ACEITE, UNA VEZ CALIENTE AÑADIMOS LO LICUADO, ESPERAMOS A QUE ESTE HIRVIENDO, CUANDO YA SOLTO EL HERVOR INCORPORAMOS LAS PAPAS A LA OLLA, EL CALDO DE POLLO EN POLVO Y EL RESTO DEL AGUA ESPERAMOS 15 MINUTOS MAS Y SERVIMOS.

GOZARAS DE TODAS ESTAS BENDICIONES SI OBEDECES A LA VOZ DEL SEÑOR TU DIOS: SERAS BENDITO EN LA CIUDAD Y SERAS BENDITO EN EL CAMPO.
DEUTERONOMIO 28:2,3

ARROZ BLANCO

INGREDIENTES:

1 TAZA DE ARROZ

½ CEBOLLA MEDIANA

½ TBS/2.5ML DE COMINO MOLIDO

1 TSP/5ML DE SAL

3 TAZAS DE CALDO O AGUA

3 DIENTES DE AJO

½ TBSP/7.5ML DE ACEITE

PREPARACION:

LICUAMOS LA CEBOLLA, LOS AJOS CON UNA TAZA DE AGUA.

EN UN SARTEN CALENTAMOS EL ACEITE E INCORPORAMOS EL ARROZ, LO DORAMOS UN POQUITO Y AÑADIMOS LO QUE LICUAMOS, ESPERAMOS A QUE ESTE HIRVIENDO Y LE PONEMOS EL RESTO DE AGUA Y LA SAL, (TAPAMOS EL SARTEN CON SU PROPIA TAPADERA) ESPERAMOS A QUE ESTE SECO Y SE RETIRA DEL FUEGO.

ESTE ARROZ ES IDEAL PARA ACOMPAÑAR CUALQUIER GUISADO.

TODO LO QUE DIOS HACE ES BUENO Y JUSTO; PODEMOS CONFIAR EN TODOS SUS MANDAMIENTOS.

SALMOS 111:7

DE CEBOLLA

INGREDIENTES:

6 TAZAS DE AGUA

1 CUCHARADA DE CALDO DE POLLO

1LB/450G DE CEBOLLA

½ TBSP/7.5ML DE ACEITE

PREPARACION:

SE PONE EN LA LICUADORA LA CEBOLLA Y UNA TAZA DE AGUA, PONEMOS UNA OLLA A CALENTAR A LA CUAL LE PONEMOS EL ACEITE, UNA VEZ CALIENTE LE AÑADIMOS LO LICUADO Y EL CALDO DE POLLO EN POLVO, ESPERAMOS 5 MINUTOS MAS Y LISTO.

SE SIRVE CON TRIANGULITOS BOTANEROS DENTRO DE LA SOPA, SE LOS AÑADIMOS EN EL MOMENTO DE SERVIR DE PREFERENCIA EN UN PLATO HONDO.

LA RECETA DE LOS TRIANGULITOS ESTA EN ESTE LIBRO.

SI ALGUIEN QUE NO CREE EN CRISTO LOS INVITA A COMER Y USTEDES DECIDEN IR, COMAN DE TODO LO QUE LES DEN, SIN PREGUNTAR SI SE DEBE COMER O NO.

1 CORINTIOS 10:27

GUISADOS

ADOBO DE POLLO

INGREDIENTES:

6 PIEZAS DE POLLO

3 JITOMATES MEDIANOS

3 DIENTES DE AJO

3 CLAVOS DE OLOR

½ TSBP/7.5ML DE ACEITE

8 CHILES GUAJILLOS

AGUA LA NECESARIA

½ CEBOLLA MEDIANA

3 PIMIENTAS NEGRAS

1 TSP/5ML DE SAL

PREPARACION:

EL POLLO SE LAVA BIEN Y SE PONE A COCER CON SUFICIENTE AGUA.

SE ASAN LOS CHILES Y SE LICUAN CON LOS JITOMATES, LA CEBOLLA, EL AJO, CLAVOS, PIMIENTA Y UNA TAZA DE CALDO, DESPUES DE LICUARLOS SE CUELA.

EN UNA OLLA SE PONE EL ACEITE A CALENTAR, UNA VEZ CALIENTE INCORPORAMOS LO LICUADO Y COLADO ASI COMO LA SAL Y LAS PIEZAS DE POLLO ESPERAMOS 15 MINUTOS MAS Y ESTA LISTO PARA DISFRUTARLO.

SE SIRVE CON ARROZ Y FRIJOLES DE LA OLLA.

TEN EN CUENTA A DIOS EN TODO LO QUE HAGAS, Y EL TE
AYUDARA A VIVIR RECTAMENTE.
PROVERBIOS 3:6

COSTILLAS EN VERDE

INGREDIENTES:

2 LB/1K DE COSTILLAS DE PUERCO

1 ROLLITO DE CILANTRO

SAL LA NECESARIA

4 DIENTES DE AJO

AGUA LA NECESARIA

1LB/1/2 K DE TOMATE VERDE

½ LB/1/4 DE CHILE SERRANO

1 TAZA DE ACEITE

½ CEBOLLA MEDIANA

PREPARACION:

EN UN SARTEN CALENTAMOS EL ACEITE, LAVAMOS LAS COSTILLAS Y LAS PARTIMOS A CADA UNA SEPARANDOLA DE OTRA LUEGO PONEMOS LAS COSTILLITAS A FREIR HASTA QUE QUEDEN DORADITAS.

SE PONE A COCER LOS CHILES Y LOS TOMATES, CUANDO YA ESTEN FRIOS SE LICUAN JUNTAMENTE CON LA CEBOLLA, AJO, CILANTRO Y UNA TAZA DE AGUA.

EN UNA OLLA SE PONE UN POQUITO DEL ACEITE DONDE SE FRIO LAS COSTILLAS, UNA VEZ YA CALIENTE SE AÑADE LO LICUADO Y SE ESPERA A QUE ESTE HIRVIENDO, CUANDO YA HIRVIO SE AGREGA UN POCO DE SAL Y LAS COSTILLAS DORADITAS.

ESPERA 15 MINUTOS MAS Y LISTO

SE SIRVE CON ARROZ Y FRIJOLES DE LA OLLA.

QUE AGRADESCAN AL SEÑOR POR SU FIEL AMOR, Y PORQUE EL HACE HASTA LO IMPOSIBLE A FAVOR DE LOS SERES HUMANOS.
SALMOS 107:15

POLLO AL CACAHUATE

INGREDIENTES:

6 PIEZAS DE POLLO

1 CUCHARADA DE CHILE PIQUIN ENTERO

3 DIENTES DE AJO

1 TAZA DE CACAHUATE PELADO Y TOSTADO

AGUA LA NECESARIA

4 JITOMATES GRANDES

½ TBSP/7.5ML DE ACEITE

½ CEBOLLA MEDIANA

½ TSP/5ML DE COMINO MOLIDO

PREPARACION:

SE LAVA BIEN EL POLLO Y SE PONE A COCER CON SUFICIENTE AGUA.

LOS CHILES SE TUESTAN Y EL JITOMATE SE ASA, DESPUES SE LICUAN JUNTO CON LA CEBOLLA, EL AJO, LOS CACAHUATES Y UNA TAZA DE CALDO.

EL ACEITE SE CALIENTA EN UNA OLLA Y SE AÑADE LO LICUADO Y LA SAL, SE ESPERA A QUE ESTE HIRVIENDO Y AGREGAMOS EL POLLO ESPERAMOS 15 MINUTOS MAS Y LISTO.

SE SIRVE CON ARROZ Y FRIJOLES DE LA OLLA.

POR LO TANTO, EL SEÑOR ESPERA PARA APIADARSE DE USTEDES.

SE LEVANTA PARA MOSTRARLES COMPACION.

PORQUE EL SEÑOR ES UN DIOS JUSTO, AFORTUNADOS TODOS LOS QUE ESPERAN EN EL.

ISAIAS 30:18

POLLO EMPANIZADO

INGREDIENTES:

6 PIEZAS DE POLLO

½ TAZA DE PAN MOLIDO

½ TBS/2.5ML DE CEBOLLA MOLIDA

½ TBS/2.5ML DE SAL

SERVILLETAS DE PAPEL

1 BOLSA DE PLASTICO

½ TAZA DE LECHE

½ TBS/2.5ML DE AJO MOLIDO

½ TAZA DE ACEITE

PREPARACION:

EN UN RECIPIENTE APROPIADO PONEMOS LA LECHE, EL AJO, LA CEBOLLA, Y LA SAL REVOLVEMOS TODO ESTO MUY BIEN.

EN LA BOLSA HECHAMOS EL PAN MOLIDO.

EL ACEITE LO CALENTAMOS EN UN SARTEN QUE TENGA TAPADERA PORQUE SALPICA UN POCO.

CADA PIEZA DE POLLO LA INCORPORAMOS EN LA LECHE PREPARADA Y LA DEJAMOS REPOSAR POR 30MINUTOS, PASADO ESTE TIEMPO SACAMOS UNA A UNA LAS PIEZAS Y LAS METEMOS EN LA BOLSA, LE DAMOS VUELTA A LA BOLSA PARA QUE LAS PIEZAS DE POLLO QUEDEN TODAS LLENAS DE PAN Y LAS PONEMOS A FREIR EN EL ACEITE CALIENTE. PODEMOS QUITARLE EL EXESO DE GRASA CON SERVILLETAS DE PAPEL.

SE SIRVE CON UNA ENSALADA DE LECHUGA O ARROZ.

EL TRABAJADOR LLEGA A CASA Y DUERME EN PAZ, TENGA POCO O MUCHO QUE COMER; PERO EL RICO NO PUEDE DORMIR PORQUE SU RIQUEZA LE TRAE MUCHAS PREOCUPACIONES.

ECLESIASTES 5:12

CHICHARRON VERDE

INGREDIENTES:

1.75OZ/50G DE CHICHARRON TOSTADO DE PUERCO	8 TOMATES VERDES
6 CHILES SERRANOS	1 ROLLITO DE CILANTRO
3 DIENTES DE AJO	½ CEBOLLA MEDIANA
SAL AL GUSTO	AGUA LA NECESARIA
½ TBSP/7.5ML DE ACEITE	

PREPARACION:

SE PONE A COCER EN AGUA LOS JITOMATES Y EL CHILE.

SE LICUA LOS JITOMATES, EL CHILE, LA CEBOLLA, LOS AJOS, EL CILANTRO Y 3 TAZAS DE AGUA.

EN UNA OLLA PONEMOS A CALENTAR EL ACEITE YA CALIENTE AÑADIMOS LO LICUADO, ESPERAMOS A QUE ESTE HIRVIENDO ENTANCES AGREGAMOS SAL AL GUSTO Y LOS TROZOS DE CHICHARRON, CUANDO EL CHICHARRON ESTE BLANDITO Y EL CHILE ESTE ESPESO SE SACA DEL FUEGO.

SE SIRVE ACOMPAÑADO DE ARROZ.

NO ESTEN PENDIENTES DE LO QUE VAN A COMER O A BEBER, NI SE PREOCUPEN POR ESO.

LUCAS 12:29

BISTEC A LA MEXICANA

INGREDIENTES:

6 BISTECES DE RES PICADOS

4 CHILES JALAPEÑOS PICADOS

1 CEBOLLA MEDIANA PICADA

½ TBSP/7.5ML DE ACEITE

4 JITOMATES GRANDES PICADOS

3 DIENTES DE AJO PICADOS

SAL AL GUSTO

½ TAZA DE AGUA

PREPARACION:

EN UN SARTEN GRANDE SE CALIENTA EL ACEITE, CUANDO YA ESTE CALIENTE SE AÑADE LOS BISTECES POR 5 MINUTOS SE FRIEN E INCORPORAMOS EL JITOMATE, CEBOLLA, CHILES, AJOS Y EL AGUA. TAPAMOS Y ESPERAMOS A QUE SE CONSUMA EL AGUA Y LOS BISTECES ESTEN SUAVES AGREGAMOS SAL AL GUSTO Y A DISFRUTARLOS.

POR ESO LES DIGO: NO SE PREOCUPEN POR LA COMIIDA NI POR LA BEBIDA QUE NECESITAN PARA VIVIR, NI TAMPOCO POR LA ROPA QUE SE VAN A PONER. CIERTAMENTE LA VIDA ES MAS QUE LA COMIDA Y EL CUERPO MAS QUE LA ROPA. MIREN A LAS AVES DEL CIELO, ELLAS NO SIEMBRAN NI COSECHAN NI TAMPOCO GUARDAN NADA EN GRANEROS. SIN EMBARGO, SU PADRE QUE ESTA EN EL CIELO LES DA ALIMENTO. ¿NO VALEN USTEDES MUCHO MAS QUE ELLAS?

MATEO 6:25,26

CHILES RELLENOS

INGREDIENTES:

4 CHILES ANCHOS VERDES

2 HUEVOS

½ TAZA DE ACEITE

SERVILLETAS DE PAPEL

1 QUESO DE ARO FRESCO

½ TAZA DE HARINA

1 BOLSA DE PLASTICO

PREPARACION:

SE ASAN LOS CHILES Y SE PONEN EN LA BOLSA CERRANDOLA POR ESPACIO DE 5 MINUTOS Y DESPUES DE ESTE TIEMPO SE LE QUITA EL PELLEJO Y LA SEMILLA TENIENDO CUIDADO DE NO HABRIRLO MUCHO SE HACE UN CORTE DIAGONAL Y POR EL CENTRO EXTRAES LAS SEMILLAS, SE RELLENA CON SUFICIENTE QUESO; LAS YEMAS SE SEPARAN DE LAS CLARAS SE BATEN BIEN CON LA BATIDORA PRIMERO LAS CLARAS HASTA QUE ESTE DURO Y LUEGO SE AÑADE LAS YEMAS SE CONTINUA BATIENDO HASTA QUE ESTE DURO. LOS CHILES SE EMPANIZAN CON LA HARINA Y SE PASA POR EL HUEVO, UNO POR UNO Y SE FRIE EN ACEITE CALIENTE, LE QUITAMOS EL EXESO DE GRASA CON SERVILLETAS DE PAPEL.

EL GRANO SE TRITURA UN POCO PARA HACER PAN. SE LE PASAN POR ENCIMA LAS RUEDAS DE LA CARRETA, PERO LOS CABALLOS NO LA PULVERIZAN.

ISAIAS 28:28

HIGADO ENCEBOLLADO

INGREDIENTES:

4 BISTESES DE HIGADO DE RES
2 DIENTES DE AJO PICADOS
ACEITE EL NECESARIO

1 CEBOLLA GRANDE EN RODAJAS
SAL LA NECESARIA

PREPARACION:

EN UN SARTEN SE CALIENTA UN POCO DE ACEITE SE FRIEN LOS BISTESES UNO POR UNO AÑADIENDOLE UN POQUITO DE SAL A CADA UNO, CUANDO YA SE FRIERON TODOS SE PONEN EN EL SARTEN Y SE AGREGA LA CEBOLLA Y EL AJO SE ESPERA A QUE LA CEBOLLA ESTE CLARITA APROXIMADAMENTE 5 MINUTOS Y SE RETIRA DEL FUEGO.

EL TE AMARA, BENDECIRA E INCREMENTARA TU NUMERO. TE BENDECIRA CON MUCHOS HIJOS Y BENDECIRA TUS CAMPOS CON BUENAS COSECHAS, TE DARA GRANOS, VINO NUEVO Y ACEITE. BENDECIRA A TU GANADO CON CRIAS Y A TUS OVEJAS CON CORDEROS, EN LA TIERRA QUE LES PROMETIO A TUS ANTEPASADOS.

DEUTERONOMIO 7:13

PICADILLO

INGREDIENTES:

1 LB/1/2 K DE CARNE MOLIDA

3 ZANAHORIAS MEDIANAS Y PICADAS EN CUADRITOS

3 PAPAS MEDIANAS Y PICADAS EN CUADRITOS

1 TSP/5ML DE SAL

4 CHILES SERRANOS PICADOS

3 DIENTES DE AJO PICADO

½ CEBOLLA MEDIANA Y PICADA

½ TBSP/7.5ML DE ACEITE

3 JITOMATES PICADOS

½ TAZA DE AGUA

PREPARACION:

EN UNA OLLA SE CALIENTA EL ACEITE SE DORA UN POCO LA CARNE Y SE LE AGREGA LA CEBOLLA, AJOS, CHILES, JITOMATE, PAPAS, ZANAHORIAS, SAL Y AGUA. SE DEJA HASTA QUE LAS ZANAHORIAS ESTEN COSIDAS Y NO TENGA AGUA.

SE SIRVE CON ARROZ

EL SEÑOR VIGILA Y PROTEGE A LA GENTE QUE LO CONOCE, PERO DESTRUYE A QUIENES SE ALEJAN DE EL.
PROVERBIOS 22:12

BISTEC CON RAJAS

INGREDIENETES:

4 BISTESES

ACEITE EL NECESARIO

1 BOLSA DE PLASTICO

½ CEBOLLA MEDIANA PICADA

2 CHILES PARA RELLENAR

SAL LA NECESARIA

2 DIENTES DE AJO PICADOS

PREPARACION:

LOS CHILES SE ASAN Y SE PONEN EN UNA BOLSA DE PLASTICO SE DEJAN UNOS 5 MINUTOS, SE PELAN Y LOS HACEMOS RAJAS.

EN UN SARTEN PONEMOS UN POQUITO DE ACEITE Y FREIMOS LOS BISTESES UNO POR UNO CUANDO YA FREIMOS TODOS LOS PONEMOS NUEVAMENTE EN EL SARTEN CON LAS RAJAS, AJO, CEBOLLA Y SAL POR ESPACIO DE 10 MINUTOS MAS Y LISTO.

TU INICIAS EL AÑO NUEVO CON UNA COSECHA FALBULOSA; TUS NUBES DERRAMAN ABUNDANCIA.

SALMOS 65:11

HUEVOS AHOGADOS

INGREDIENTES:

8 HUEVOS

1 RAMITA DE EPAZOTE

½ CEBOLLA MEDIANA

8OZ/1 TAZA DE NOPALES COCIDOS Y PICADOS

1 TSP/5ML DE SAL

6 CHILES GUAJILLOS

2 DIENTES DE AJO

2 TAZAS DE AGUA

½ TBSP/7.5ML DE ACEITE

PREPARACION:

TOSTAMOS LOS CHILES, LUEGO LOS LICUAMOS CON LA CEBOLLA, AJO Y EL AGUA.

EN UNA OLLA CALENTAMOS EL ACEITE Y AGREGAMOS LO LICUADO CUANDO ESTE HIRVIENDO SE LE PONE LA SAL, LA RAMA DE EPAZOTE, LOS NOPALES Y SE REVIENTAN EN ESTA SALSA LOS HUEVOS; SE ESPERA A QUE LOS HUEVOS ESTEN BIEN COCIDOS Y YA ESTA LISTO.

LA TIERRA PRODUCE EL GRANO POR SI MISMA: PRIMERO EL TALLO, LUEGO LA ESPIGA Y FINALMENTE EL GRANO QUE LLENA LA ESPIGA.

MARCOS 4:28

CARNE ADOBADA
AL HORNO

INGREDIENTES:

6 PIEZAS DE POLLO

4 DIENTES DE AJO

2 CLAVOS DE OLOR

SAL AL GUSTO

2 TAZAS DE AGUA

10 CHILES GUAJILLOS

½ CEBOLLA MEDIANA

2 PIMIENTAS NEGRAS

½ TBSP/7.5ML DE ACEITE

PREPARACION:

SE TUESTAN LOS CHILE Y LOS LICUAMOS JUNTAMENTE CON LOS AJOS, CEBOLLA, CLAVOS, PIMIENTAS Y AGUA; LO COLAMOS.

EN UN SARTEN SE PONE EL ACEITE A CALENTAR YA CALIENTE EL ACEITE AGREGAMOS LO LICUADO ESPERAMOS A QUE ESTE HIRVIENDO AÑADIMOS SAL Y RETIRAMOS DEL FUEGO.

EN UNA CHAROLA HONDA PARA HORNEAR PONEMOS LAS PIEZAS DE POLLO Y LE AGREGAMOS LA SALSA PONEMOS A CALENTAR EL HORNO A 350F/180C LO METEMOS POR ESPACIO DE 40 MINUTOS, SI LO QUEREMOS MAS BLANDITO LO PODEMOS DEJAR 10 MINUTOS MAS.

SI TU ENEMIGO TIENE HAMBRE, DALE DE COMER; SI TIENE SED, DALE DE BEBER; PUES ASI LE CALMARAS EL ENOJO Y EL SEÑOR TE RECOMPENSARA.

PROVERBIOS 25:21,22

VERDOLAGAS MEXICANAS

INGREDIENTES:

3LB/1.5K DE VERDOLAGA

½ CEBOLLA MEDIANA PICADA

4 JITOMATES GRANDES PICADOS

1TSP/5ML DE SAL

AGUA LA NECESARIA

2LB/1K DE COSTILLAS DE PUERCO

4 CHILES JALAPEÑOS PICADOS

2 DIENTES DE AJO PICADOS

½ TAZA DE ACEITE

PREPARACION:

SE PONE A COSER LAS VERDOLAGAS EN SUFICIENTE AGUA Y SE EXPRIMEN.

EN UNA OLLA SE PONE A CALENTAR EL ACEITE, FREIMOS LAS COSTILLAS AGREGANDOLE UN POQUITO DE SAL UNA VEZ QUE YA ESTEN FRITAS LE QUITAMOS EL EXESO DE GRASA Y AÑADIMOS LA CEBOLLA, AJO, CHILES, JITOMATE, VERDOLAGA Y 1 TAZA DE AGUA. DEJAMOS HERVIR Y LO PROBAMOS PARA ESTAR SEGURA QUE ESTA BIEN DE SAL ESPERAMOS A QUE SE CONSUMA EL AGUA Y A DISFRUTARLO.

DIOS RIEGA LAS MONTAÑAS DESDE SU HOGAR EN LO ALTO, CON EL FRUTO DE SUS OBRAS LA TIERRA SE SACIA.

SALMOS 104:13

PESCADO EN HOJAS DE PLATANO

INGREDIENTES:

6 FILETES DE PESCADO DE TU PREFERENCIA

3 CHILES SERRANOS PICADOS

1 CEBOLLA MEDIANA EN RODAJAS

1 TSP/5ML DE SAL

1 HOJA GRANDE DE PLATANO

3 DIENTES DE AJO PICADOS

EL JUGO DE 3 LIMONES

PREPARACION:

SE PASA LA HOJA EN LA PARRILLA DE LA ESTUFA, TENIENDO CUIDADO DE QUE NO SE QUEME; PERO SI QUE QUEDE SUAVE SE LAVA BIEN Y SE CORTA EN 6 PEDAZOS.

EL JUGO DE LIMON, LA SAL Y EL AJO LOS LICUAMOS Y PONEMOS EN UN RECIPIENTE; DONDE DEJAMOS SUMERJIDOS LOS FILETES POR 15 MINUTOS.

DESPUES PONEMOS UN FILETE EN CADA HOJA Y DISTRIBUIMOS LOS CHILES Y CEBOLLA ENTRE TODOS LOS FILETES. LOS TAPAMOS COMO TAMALES Y LOS PONEMOS A COCER EN UNA VAPORERA POR ESPACIO DE 30 MINUTOS.

SE SIRVE CON UNA ENSALADA (AL GUSTO)

NO LLEVEN PROVISIONES PARA EL CAMINO, NI ROPA PARA CAMBIARSE, NI OTRO PAR DE SANDALIAS, NI UN BASTON, PORQUE LOS QUE TRABAJAN MERECEN RECIBIR SU SUSTENTO.

MATEO 10:10

GUISADO DE SOYA

INGREDIENTES:

1 TAZA DE NOPALES PICADOS Y COCIDOS

3 DIENTES DE AJO PICADOS

4 JITOMATES GRANDES Y PICADOS

SAL AL GUSTO

ACEITE AL GUSTO

1LB /1/2K DE SOYA TEXTURIZADA

AGUA LA NECESARIA

½ CEBOLLA MEDIANA Y PICADA

3 CHILES SERRANOS PICADOS

8OZ/1/4 K DE CHORIZO MEXICANO

½ TAZA DE CILANTRO PICADO

PREPARACION:

PONEMOS A COCER LA SOYA EN SUFICIENTE AGUA. UNA VEZ YA COCIDA LA EXPRIMIMOS MUY BIEN PARA QUE NO LE QUEDE AGUA.

EN UNA OLLA PONEMOS A CALENTAR UN POCO DE ACEITE, AGREGAMOS EL CHORIZO Y LA SOYA HASTA QUE ESTEN DORADOS; AÑADIMOS EL CHILE, AJO, CEBOLLA, JITOMATE, SAL AL GUSTO Y EL CILANTRO. ESPERAMOS A QUE EL JITOMATE ESTE COCIDO Y RETIRAMOS DEL FUEJO.

TENEMOS QUE ESTAR MOVIENDO CONSTANTEMENTE TODO EL TIEMPO PORQUE SI NO SE PEGA.

HABRA ABUNDANCIA DE LECHE DE CABRA PARA TI Y PARA TU FAMILIA. ESA LECHE HARA QUE LA GENTE QUE TRABAJA EN TU CASA ESTE SALUDABLE.
PROVERBIOS 27:27

ALBONDIGAS EN CHIPOTLE

INGREDIENTES:

2 LB/1K DE CARNE MOLIDA

6 CHILES CHIPOTLES ADOBADOS

½ TBSP/7.5 ML DE ACEITE

3 AJOS PICADOS

½ TBSP/7.5ML DE ACEITE

6 JITOMATES GRANDES Y PICADOS

SAL AL GUSTO

3 HUEVOS

½ CEBOLLA MEDIANA

2 TAZAS DE AGUA

PREPARACION:

SE LICUA LOS CHILES, JITOMATES, CEBOLLA, AJOS Y EL AGUA. EN UN TRASTE PONEMOS LA CARNE, REVENTAMOS LOS HUEVOS Y AGREGAMOS UN POQUITO DE SAL, REVOLVEMOS TODO MUY BIEN Y HACEMOS BOLITAS DE CARNE AL GUSTO; EN UNA OLLA CALENTAMOS EL ACEITE Y AGREGAMOS LO LICUADO, CUANDO YA ESTE HIRVIENDO LE PONEMOS SAL AL GUSTO Y AÑADIMOS LAS BOLITAS DE CARNE, DEJAMOS HASTA QUE LA CARNE ESTE COCIDA APROXIMADAMENTE 30 MINUTOS.

SERVIMOS CON ARROZ.

ENTONCES DIOS DIJO:" QUE LA TIERRA SE CUBRA DE VEGETACION: TODA CLASE DE PLANTAS QUE DEN SEMILLAS Y ARBOLES QUE DEN FRUTOS CON SEMILLA". Y ASI SUCEDIÓ.

GENESIS 1:11

DESAYUNOS

HUEVOS CON CHORIZO

INGREDIENTES:

6 OZ/170G DE CHORIZO MEXICANO

8 HUEVOS

2 CHILES JALAPEÑOS

½ TBSP/7.5ML DE ACEITE

¼ DE CEBOLLA MEDIANA

SAL AL GUSTO

PREPARACION:

SE PONE A CALENTAR EL ACEITE EN UN SARTEN, YA CALIENTE AGREGAMOS EL CHORIZO LO MOVEMOS HASTA QUE ESTE DORADO, LE AGREGAMOS LA CEBOLLA, EL CHILE, SAL AL GUSTO Y LOS HUEVOS. LOS MOVEMOS LIGERAMENTE Y ESPERAMOS A QUE ESTE COCIDO.

SE ACOMPAÑA CON FRIJOLES Y TORTILLAS.

LOS CREYENTES, COMPARTIAN EL MISMO PROPOSITO, CADA DIA SOLIAN DEDICAR MUCHO TIEMPO EN EL AREA DEL TEMPLO Y COMIAN JUNTOS EN LAS CASAS. COMPARTIAN LA COMIDA CON SENCILLEZ Y ALEGRIA.

HECHOS 2:46

HUEVOS SIN GRASA

INGREDIENTES:

8 HUEVOS   SAL AL GUSTO

1 HOJA DE PLATANO

PREPARACION:

SE ASA LA HOJA DE PLATANO EN LA PARRILLA DE LA ESTUFA, SE CORTAN 4 PEDAZOS DE 26 PULGADAS/66 CENTIMETROS, SE PONE A CALENTAR UN SARTEN GRANDE O UN COMAL, PONEMOS UN PEDAZO DE HOJA SOBRE EL COMAL O SARTEN Y EN CADA PEDAZO DE HOJA SE REVIENTAN 2 HUEVOS AÑADIENDOLE UN POQUITO DE SAL SE TAPA CON LA MITAD DE ESE MISMO PEDAZO DE HOJA, ESPERAMOS A QUE SE COSA DE UN LADO Y LO VOLTEAMOS PARA QUE SE COSA DEL OTRO LADO. Y ASI HACEMOS CON EL RESTO DE LOS HUEVOS.

LO SERVIMOS CON UNA SALSA DE TU PREFERENCIA.

ASI QUE DECIDI QUE AL FIN DE CUENTAS ES MEJOR DISFRUTAR LA VIDA. LO MEJOR QUE UNO PUEDE HACER ES COMER, BEBER Y GOZAR LA VIDA. ESO POR LO MENOS LE HARA A UNO LA VIDA MAS LLEVADERA EN VISTA DEL DURO TRABAJO QUE DIOS DECIDIO QUE UNO HICIERA BAJO EL SOL

ECLESIASTES 8:15

FRIJOLES CORONADOS

INGREDIENTES:

1 TAZA DE FRIJOLES NEGROS

AGUA LA NECESARIA

1 CUCHARADA DE MANTECA DE PUERCO

SAL AL GUSTO

QUESO RALLADO

2 DIENTES DE AJO

¼ DE CEBOLLA MEDIANA PICADA

PREPARACION:

EN UNA OLLA PONEMOS 6 TAZAS DE AGUA A HERVIR UNA VEZ QUE ESTE HIRVIENDO AGREGAMOS LOS FRIJOLES Y ESPERAMOS A QUE ESTEN BLANDITOS, AÑADIMOS SAL AL GUSTO Y GUISAMOS DE LA SIGUIENTE MANERA: SE CALIENTA LA MANTECA EN UN SARTEN Y CUANDO ESTE CALIENTE SE LE AÑADE LA CEBOLLA Y EL AJO SE FRIE UN POCO Y SE LE PONE UNAS 3 CUCHARADAS DE LOS FRIJOLES, ESPERAMOS A QUE ESTE HIRVINDO Y LO AÑADIMOS A LA OLLA DONDE ESTA EL RESTO DE FRIJOLES. DEJAMOS HERVIR Y RETIRAMOS DEL FUEGO.

SERVIMOS CON QUESO RALLADO ENCIMA DE LOS FRIJOLES.

Y LE DIJO: POR FAVOR, HAZNOS UNA PRUEBA DE DIEZ DIAS.
DANOS SOLAMENTE LEGUMBRES PARA COMER Y
AGUA PARA BEBER.

DANIEL 1:12

GORDITAS

INGREDIENTES:

½ TAZA DE HARINA DE TRIGO

1 TAZA DE AGUA TIBIA

1 TAZA DE HARINA DE MAIZ

1 QUESO DE ARO FRESCO

PREPARACION:

EN UN TAZON PONEMOS LAS HARINAS Y LAS REVOLVEMOS MUY BIEN Y AÑADIMOS EL AGUA, AMASAMOS MUY BIEN Y HACEMOS BOLITAS CON ESTA MASA APROXIMADAMENTE SALEN 8, CON UNA TORTIADORA DE PREFERENCIA DE METAL APLASTAMOS LA BOLITA TRATANDO QUE NO QUEDE MUY APLASTADA. LAS COCEMOS EN UN COMAL CALIENTE POR UN LADO Y LUEGO POR EL OTRO, PODEMOS ABRIR LA TORTILLA CON UN CUCHILLO Y LA RELLENAMOS CON QUESO Y SE SIRVE CON SALSA DE TU PREFERENCIA.

TU LES DAS Y ELLOS RECOGEN; ABRES TUS MANOS Y COMEN HASTA QUEDAR SATISFECHOS.

SALMOS 104:28

BOCOLES

INGREDIENTES:

½ TAZA DE HARINA DE TRIGO
1 TAZA DE AGUA TIBIA
½ TAZA DE FRIJOLES NEGROS COCIDOS

1 TAZA DE HARINA DE MAIZ
4 OZ/114G DE MANTECA
1 TSP/5ML DE SAL

PREPARACION:

EN UN TAZON REVOLVEMOS BIEN LAS HARINAS Y LA SAL, AGREGAMOS LOS FRIJOLES, MANTECA Y AGUA AMASAMOS HASTA TENER UNA PASTA UNIFORME, HACEMOS BOLITAS ENTRE 8 Y 10.

CALENTAMOS UN COMAL PARA PODER COCER LOS BOCOLES, TOMAMOS UNA BOLITA DE MASA Y LE BAMOS DANDO FORMA DE UNA LLANTA CON LAS MANOS, NO DEBE DE QUEDAR MUY GRUESA PORQUE SI NO, NO SE COCE CUANDO ESTE COCIDA POR UN LADO LA VOLTEAMOS Y LA COCEMOS POR EL OTRO LADO ESTE MISMO PROCEDIMIENTO ES PARA TODA LA MASA.

LO MEJOR QUE UNO PUEDE HACER UNO ES COMER, BEBER Y DISFRUTAR DEL TRABAJO QUE HACE, TAMBIEN VI QUE ESTO VIENE DE DIOS.

ECLESIASTES 2:24

ENCHILADAS VERDES

INGREDIENTES:

½ TAZA DE HARINA DE TRIGO

AGUA LA NECESARIA

12 TOMATES VERDES

SAL AL GUSTO

¼ DE CEBOLLA MEDIANA.

1 TAZA DE HARINA DE MAIZ

1 TAZA DE QUESO RALLADO

6 CHILES SERRANOS

½ TBSP/7.5ML DE ACEITE

PREPARACION:

EN UN TAZON REVOLVEMOS LAS DOS HARINAS NUY BIEN, AGREGAMOS 1 TAZA DE AGUA TIBIA Y AMASAMOS HASTA FORMAR UNA MASA MANEJABLE Y FORMAMOS 10 BOLITAS IGUALES CON ESTA MASA. PONEMOS A COCER LOS TOMATES Y EL CHILE EN UNA OLLA CON AGUA; DESPUES LICUAMOS LOS CHILES, TOMATE Y LA CEBOLLA, PONEMOS EL ACEITE EN UN SARTEN YA CALIENTE BASIAMOS LO LICUADO CUANDO YA ESTE HIRVIENDO AÑADIMOS SAL AL GUSTO Y LO RETIRAMOS DEL FUEGO. PONEMOS A CALENTAR UN COMAL PARA COCER LAS TORTILLAS; UNA VEZ CALIENTE EL COMAL EMPESAMOS A APLASTAR LAS BOLITAS CON UNA TORTIADORA HASTA QUE QUEDE UNA TORTILLA, LA PONEMOS EN EL COMAL LA COCEMOS POR UN LADO Y LUEGO POR EL OTRO CONFORME SALE COCIDA LA TORTILLA LA DOBLAMOS A LA MITAR Y LA METEMOS EN LA SALSA Y LA SACAMOS RAPIDO, LA PONEMOS EN UN PLATO PONIENDOLE QUESO ENCIMA; ASI CONTINUAMOS CON LAS DEMAS BOLITAS DE MASA HASTA TERMINAR DE TORTIAR TODA LA MASA.

DIOS MIO, TODOS ELLOS DEPENDEN DE TI; TU LES DAS SU ALIMENTO EN EL MOMENTO ADECUADO.

SALMOS 104:27

HUEVOS REVUELTOS

INGREDIENTES:

4 HUEVOS   ¼ DE CEBOLLA MEDIANA
½ TBSP/7.5ML DE ACEITE   1 CHILE JALAPEÑO PICADO
SAL AL GUSTO

PREPARACION:

EN UN SARTEN SE CALIENTA EL ACEITE, AÑADIMOS LA CEBOLLA, EL CHILE, LOS HUEVOS Y SAL AL GUSTO. SE REVUELVE UN POCO Y SE ESPERA A QUE ESTE BIEN CICIDO.

SE SIRVE CON FRIJOLES Y TORTILLAS.

LA TIERRA SE LLENO DE VEGETACION: TODA CLASE DE PLANTAS QUE DAN SEMILLAS Y ARBOLES QUE DAN FRUTOS CON SEMILLA. Y VIO DIOS QUE ESTABA MUY BIEN ESTO QUE HABIA HECHO.

GENESIS 1:12

FLAUTAS DE POLLO

IINGREDIENTES:

1LB/1/2 K DE PECHUGA DE POLLO SIN HUESO COCIDA Y DESHEBRADA

SAL AL GUSTO

1 TAZA DE ACEITE

16 TORTILLAS

16 PALILLOS

1 TAZA DE CREMA

½ TAZA DE QUESO RALLADO

SALSA AL GUSTO

1 TAZA DE ENSALADA DE LECHUGA

PREPARACION:

SE CALIENTAN LAS TORTILLAS PARA QUE ESTEN SUAVES Y SE PUEDAN ENROLLAR. AL POLLO LE PONEMOS SAL AL GUSTO. EN CADA TORTILLA SE LE PONE UN POCO DE POLLO Y LO ENROLLAMOS HACIENDOLO TAQUITO Y LE PONEMOS UN PALILLO PARA QUE NO SE DESENRROLLE, ASI HACEMOS CON TODAS LAS TORTILLAS; EN UN SARTEN PONEMOS A CALENTAR SUFICIENTE ACEITE Y CUANDO YA ESTE CALIENTE EMPESAMOS A FREIR LAS FLAUTAS, HASTA FREIR TODAS. SERVIMOS EN UN PLATO EXTENDIDO Y ADORNAMOS CON LECHUGA, CREMA, QUESO Y SALSA AL GUSTO.

ME PREPARASTE UN BANQUETE DELANTE DE MIS ENEMIGOS; UNGISTE MI CABEZA CON ACEITE, HAS LLENADO MI COPA HASTA REBOSAR.

SALMO 23:5

BURRITOS

INGREDIENTES:

10 TORTILLAS DE HARINA   ½ TAZA DE FRIJOLES REFRITOS
1 TAZA DE QUESO RALLADO

PREPARACION:

LOS FRIJOLES Y LAS TORTILLAS TIENEN QUE ESTAR CALIENTES.

SE PONE UNA TORTILLA EXTENDIDA EN UN PLATO Y EXACTAMENTE EN MEDIO DE ELLA SE LE PONE UN POCO DE FRIJOLES Y QUESO, SE DOBLAN DOS EXTREMOS DE LA TORTILLA HACIA ADENTRO SIN CUBRIR TOTALMENTE LOS FRIJOLES; DESPUES ENROLLAMOS Y YA ESTA EL PRIMER BURRITO, SIGUES CON ESTE PROCEDIMIENTO HASTA TERMINAR CON TODOS.

NO DESTRUYAS LA OBRA DE DIOS POR CAUSA DE LA COMIDA. SE PUEDE COMER DE TODO, PERO NO ESTA BIEN COMER ALGO QUE HAGA PECAR A OTRO.
ROMANOS 14:20

FRIJOLES REFRITOS

INGREDIENTES:

1 TAZA DE FRIJOL NEGRO COCIDO Y CON SAL AL GUSTO

1PEDACITO DE CEBOLLA   2 DIENTES DE AJO

½ TBSP/7.5MIL DE MANTECA DE PUERCO

PREPARACION:

SE CALIENTA LA MANTECA EN UN SARTEN, CUANDO LA MANTECA ESTE CALIENTE PONEMOS EL AJO Y LA CEBOLLA HASTA QUE ESTE DORADITO Y AGREGAMOS LOS FRIJOLES CON UN MACHACADOR LOS MACHACAMOS MUY BIEN Y ESPERAMOS A QUE ESTEN HIRVIENDO DEBEMOS DE TENER CUIDADO QUE NO SE PEGUEN. ¡LISTO!

SI USTEDES VIVEN CONFORME A MIS LEYES Y TIENEN
PRESENTES MIS MANDAMIENTOS Y LOS CUMPLEN,
ENTONCES LES MANDARE LLUVIAS EN EL MOMENTO INDICADO
PARA QUE LA TIERRA PRODUZCA SUS COSECHAS Y LOS
ARBOLES DEN SU FRUTO
LEVITICO 26:3,4

ENCHILADAS ROJAS

INGREDIENTES:

1 TAZA DE HARINA DE MAIZ

AGUA LA NECESARIA

2 DIENTES DE AJO

SAL AL GUSTO

6 CHILES GUAJILLOS

½ TAZA DE HARINA DE TRIGO

½ CEBOLLA MEDIANA

½ TBSP/7.5 ML DE ACEITE

½ TAZA DE QUESO RALLADO

PREPARACION:

EN UN TAZON AMASAMOS LAS HARINAS AGREGANDOLE UNA TAZA DE AGUA TIBIA Y HACEMOS 10 BOLITAS. EN UNA OLLITA PONEMOS AGUA Y LOS CHILES GUAJILLOS A COCER, UNA VEZ QUE ESTEN COCIDOS LOS LICUAMOS CON UNA TAZA DE AGUA, LA CEBOLLA Y EL AJO; YA LICUADO LO COLAMOS. EN UN RECIPIENTE APROPIADO PONEMOS EL ACEITE A CALENTAR Y AÑADIMOS LO LICUADO CUANDO EL ACEITE ESTE CALIENTE Y ESPERAMOS A QUE ESTE HIRVIENDO, LE PONEMOS SAL AL GUSTO Y LO RETIRAMOS DEL FUEGO. PONEMOS A CALENTAR UN COMAL Y EMPEZAMOS A HACER LAS TORTILLAS CON UNA TORTIADORA, LAS COCEMOS EN EL COMAL DE UN LADO LUEGO DEL OTRO Y CUANDO YA ESTE COSIDA DE LOS DOS LADOS LA SACAMOS DEL COMAL LA DOBLAMOS POR LA MITAD Y LA SUMERJIMOS EN EL CHILE, LA PONEMOS EN UN PLATO EXTENDIDO Y LE PONEMOS QUESO ENCIMA, SEGUIMOS CON ESTE PROCEDIMIENTO HASTA QUE TODAS LAS BOLITAS DE MASA SEAN ENCHILADAS. BUEN PROVECHO

PARA EL AFLIGIDO, TODO EL TIEMPO ES TRISTEZA, PERO PARA EL ALEGRE, LA VIDA ES UNA FIESTA.
PROVERBIOS 15:15

# HUEVOS ESTRELLADOS

INGREDIENES:

8 HUEVOS   8 TORTILLAS   SAL LA NECESARIA

½ TAZA DE ACEITE APROXIMADAMENTE   4 PLATANOS MACHOS

4 TROZOS DE QUESO FRESCO   SERVILLETAS DE PAPEL

PREPARACION:

SE PONE A CALENTAR UN POCO DE ACEITE EN UN SARTEN SE REBANAN LOS PLATANOS A LO LARGO EN REBANADAS DELGADAS SE FRIEN DE AMBOS LADOS Y SE PONEN EN SERVILLETAS PARA QUITAR EL EXESO DE GRASA. EN OTRO SARTEN SE PONE UN POCO DE ACEITE Y SE CALIENTAN LAS TORTILLAS, SE PONEN EN PLATOS EXTENDIDOS DE DOS EN DOS, EN ESTE SARTEN PONEMOS OTRO POQUITO DE ACEITE Y REVENTAMOS DOS HUEVOS EN EL SARTEN TENIENDO CUIDADO DE QUE LA YEMA NO SE REVIENTE Y AGREGAMOS POQUITA SAL, CUANDO YA ESTE COCIDO POR UN LADO VOLTEAMOS LOS HUEVOS PARA QUE SE COCINEN DEL OTRO LADO; PARA SERVIR PONEMOS SOBRE DOS TORTILLAS EL PAR DE HUEVOS COCIDOS, APROXIMADAMENTE UN PLATANO FRITO Y UN TROZO DE QUESO. ¡MMM QUE RICO DESAYUNO!.

SERAS BENDITO EN TODO TIEMPO Y EN TODA ACTIVIDAD
DEUTERONOMIO 28:6

TAQUITOS ROJOS

INGREDIENTES:

2 PIERNAS DE POLLO	6 TORTILLAS	4 CHILES GUAJILLOS
½ CEBOLLA MEDIANA	1 DIENTE DE AJO	SAL AL GUSTO
ACEITE EL NECESARIO	AGUA LA NECESARIA	

PREPARACION:

SE PONEN A COCER LOS CHILES EN UNA OLLA CON AGUA. YA COCIDOS LOS LICUAMOS CON LA CEBOLLA Y EL AJO; DESPUES LOS COLAMOS Y LOS FREIMOS EN UN SARTEN CON UN POQUITO DE ACEITE CALIENTE LE AGREGAMOS SAL AL GUSTO, CUANDO ESTE HIRVIENDO LO RETIRAMOS DEL FUEGO. EN OTRO SARTEN FREIMOS LAS PIERNAS. PONEMOS A CALENTAR UN POQUITO DE ACEITE EN UN SARTEN METEMOS LAS TORTILLAS EN EL CHILE Y LAS PONEMOS EN EL SARTEN DONDE SE ESTA CALENTANDO EL ACEITE LA FREIMOS POR UN LADO LUEGO POR EL OTRO Y LA SACAMOS LA PONEMOS DOBLADA EN UN PLATO EXTENDIDO Y ASI HACEMOS CON TODAS LAS TORTILLAS, PARA SERVIR PONEMOS 3 TORTILLAS DOBLADAS ACOMODANDOLAS COMO ABANICO Y UNA PIERNA DE POLLO.

DIOS LE DA A CADA SEMILLA LA FORMA QUE EL DECIDE.CADA SEMILLA RECIBE EL CUERPO QUE LE CORRESPONDE.

1 CORINTIOS 15:38

EJOTES RANCHEROS

INGREDIENTES:

2 TAZAS DE EJOTES PICADOS Y COCIDOS

1 TBSP/15ML DE ACEITE

½ CEBOLLA MEDIANA PICADA

SAL AL GUSTO

4 REBANADAS DE TOSINO PICADO

1 DIENTE DE AJO PICADO

PREPARACION:

EN UN SARTEN SE PONE A CALENTAR EL ACEITE, YA CALIENTE FREIMOS EL TOSINO, SI TIENE MUCHA GRASA LE QUITAMOS UN POCO; AGREGAMOS LA CEBOLLA Y EL AJO A QUE SE DOREN DESPUES AÑADIMOS LOS EJOTES Y LE PONEMOS SAL AL GUSTO DEJAMOS 10 MINUTOS FRIENDO Y RETIRAMOS DEL FUEGO.

SERVIMOS CON UNA SALSA AL GUSTO.

PUEDEN COMER CUALQUIER ANIMAL, ASI COMO LES HE DADO LAS PLANTAS VERDES PARA COMER, AHORA LES PERMITO QUE COMAN DE TODO.

GENESIS 9:3

SALCHICHAS A LA MEXICANA

INGREDIENTES:

1 PAQUETE DE 8 SALCHICHAS DE TU PREFERENCIA

6 JITOMATES MEDIANOS PICADOS

SAL AL GUSTO

5 CHILES VERDES PICADOS

½ CEBOLLA MEDIANA PICADA

½ TBSP/7.5ML DE ACEITE

PREPARACION:

PICAMOS LAS SALCHICHAS EN RUEDITAS, PONEMOS A CALENTAR EL ACEITE EN UN SARTEN GRANDE Y PONEMOS A FREIR LAS SALCHICHAS POR 5 MINUTOS; AGREGAMOS EL JITOATE, CEBOLLA, CHILE Y SAL AL GUSTO. DEJAMOS POR 10 MINUTOS MÁS Y ESTA LISTO.

QUE HAYA TRIGO EN ABUNDANCIA EN EL PAIS, QUE HAYA MUCHO TRIGO EN LA CUMBRE DE LOS MONTES Y QUE ONDEE COMO EL LIBANO QUE LAS CIUDADES ESTEN LLENAS DE GENTE COMO LA HIERBA DEL CAMPO.

SALMOS 72:16

CENAS

PAMBASOS

INGREDIENTES:

2 TELERAS O BOLILLOS	2 PAPAS MEDIANAS Y COCIDAS EN AGUA
4 CHILES GUAJILLOS	SAL AL GUSTO
1 DIENTE DE AJO	¼ DE CEBOLLA MEDIANA
ACEITE EL NECESARIO	SERVILLETAS DE PAPEL
QUESO RALLADO	CREMA
ENSALADA DE LECHUGA	SALSA

PREPARACION:

MACHACAMOS LAS PAPAS COCIDAS Y LE PONEMOS SAL AL GUSTO, ASAMOS LOS CHILES Y LOS LICUAMOS CON UNA TAZA DE AGUA, LA CEBOLLA Y EL AJO.COLAMOS LO LICUADO Y LO PONEMOS EN UN TRASTE APROPIADO LE AGREGAMOS SAL AL GUSTO, LOS BOLILLOS LOS PARTIMOS A LA MITAD COMO PARA TORTAS Y LAS RELLENAMOS DE PAPA, LOS BAÑAMOS EN EL CHILE Y LOS FREIMOS EN UN SARTEN CON ACEITE CALIENTE PRIMERO DE UN LADO LUEGO LO VOLTEAMOS DEL OTRO LADO.

QUITAMOS EL EXESO DE GRASA CON SERVILLETAS Y LO PONEMOS EN UN PLATO EXTENDIDO ADORNANDOLO CON LECHUGA, CREMA Y QUESO, LA SALSA ES AL GUSTO.

ALEGRENSE EN LA ESPERANZA, TENGAN PACIENCIA EN LAS DIFICULTADES Y SEAN CONSTANTES EN LA ORACION.
ROMANOS 12:12

HUARACHES

INGREDIENTES:

1 TAZA DE HARINA DE MAIZ
1 TAZA DE AGUA TIBIA
1 TAZA DE SALSA VERDE

½ TAZA DE HARINA DE TRIGO
½ TAZA DE MANTECA DE PUERCO
½ TAZA DE QUESO RALLADO

PREPARACION:

REVOLVEMOS LAS DOS HARINAS Y AGREGAMOS EL AGUA FORMAMOS LA MASA DE LA CUAL SACAMOS 8 BOLITAS, CALENTAMOS UN COMAL PARA COCER LOS HUARACHES. LA BOLITA LA HACEMOS COMO UN PALITO GORDO Y LO PONEMOS EN LA TORTIADORA LO APLASTAMOS UN POCO Y QUEDA OBALADO, LO PONEMOS EN EL COMAL SE COCE DE UN LADO LUEGO DEL OTRO Y CONFORME LO SACAMOS LE UNTAMOS UNA CUCHARADITA DE MANTECA Y LE PONEMOS SALSA AL GUSTO ENCIMA Y QUESO ESTE PROCEDIMIENTO SE SIGUE CON TODAS LAS BOLITAS.

DANOS FRUTOS EN ABUNDANCIA; BENDICENOS, DIOS NUESTRO.
SALMOS 67:6

SOPES

INGERDIENTES:

1 TAZA DE HARINA DE MAIZ	½ TAZA DE HARINA DE TRIGO
1 TAZA DE AGUA TIBIA	½ TAZA DE MANTECA DE PUERCO
½ TAZA DE FRIJOLES REFRITOS CALIENTES	¼ DE TAZA DE QUESO RALLADO
SALSA AL GUSTO	½ TAZA DE ENSALADA DE LECHUGA

PREPARACION:

EN UN RECIPIENTE APROPIADO REVOLVEMOS LAS HARINAS Y AGREGAMOS EL AGUA PARA FORMAR LA MASA, HACEMOS 8 BOLITAS Y PONEMOS A CALENTAR UN COMAL. APLASTAMOS UN POCO UNA BOLITA DE MASA CON LA TORTIADORA DE MODO QUE LA TORTILLA QUEDE GRUESA, LA PONEMOS EN EL COMAL UNOS 2 MINUTOS Y VOLTEAMOS CUANDO YA ESTE COCIDO DE ESTE SEGUNDO LADO LA SACAMOS Y LE HACEMOS PELLISCOS DE MANERA QUE FORMAMOS UNA ORILLA EN LA TORTILLA DEL LADO QUE ESTA MAS COCIDO TENIENDO CUIDADO DE NO HACERLE OYOS. CUANDO YA LA PELLISCAMOS PONEMOS UN POQUITO DE MANTECA Y LA PONEMOS OTRA VEZ EN EL COMAL HASTA QUE ESTE BIEN COCIDO DEL LADO DE ABAJO DE LA TORTILLA. LA SACAMOS PONEMOS FRIJOLES, LECHUGA, QUESO Y SALSA AL GUSTO. ASI SE CONTINÚA HACIENDO CON TODAS LAS BOLITAS DE MASA HASTA TERMINAR.

DIOS MANDARA LLUVIA A TUS SEMBRADOS. TE DARA ALIMENTO, PRODUCTO DE LA TIERRA, RICA Y FERTIL. ESE DIA TU GANADO PACERA EN GRANDES CAMPOS.

ISAIAS 30:23

QUESADILLAS

INGREDIENTES:

1 TAZA DE HARINA DE MAIZ

½ TAZA DE AGUA TIBIA

ACEITE EL NECESARIO

1 TAZA DE ENSALADA DE LECHUGA

½ TAZA DE HARINA DE TRIGO

1 TAZA DE QUESO RALLADO

SERVILLETAS DE PAPEL

SALSA AL GUSTO

PREPARACION:

EN UN TAZON REVOLVEMOS LAS HARINAS Y AGREGAMOS EL AGUA BATIENDO HASTA FORMAR UNA MASA UNIFORME DE LA CUAL FORMAMOS 10 BOLITAS, EN UN SARTEN PONEMOS HA CALENTAR SUFICIENTE ACEITE PARA FREIR LAS QUESADILLAS. APLASTAMOS UNA BOLITA CON LA TORTIADORA FORMANDO UNA TORTILLA DE REGULAR TAMAÑO EN EL CENTRO LE PONEMOS UN POCO DE QUESO Y DOBLAMOS ESTA TORTILLA DE MASA PARA FORMAR LA QUESADILLA PASAMOS LOS DEDOS POR LA ORILLA PARA SERRAR BIEN. PONEMOS LA QUESADILLA EN EL SARTEN COCEMOS POR UN LADO, VOLTEAMOS PARA QUE SE PUEDA COCER DEL OTRO LADO; SACAMOS Y LE QUITAMOS EL EXESO DE GRASA CON SERVILLETAS PONEMOS EN UN PLATON Y ADORNAMOS CON LECHUGA, QUESO Y SALSA. SEGUIMOS EL MISMO PROCEDIMIENTO PARA TODAS LAS BOLITAS.

Y TAMBIEN:"SI TU ENEMIGO TIENE HAMBRE, DALE COMIDA. SI TIENE SED, DALE ALGO DE BEBER. DE ESA MANERA LE HARAS SENTIR VERGÜENZA".

ROMANOS 12:20

TORTA TRADICIONAL

INGREDIENTES:

6 BOLILLOS   1 TAZA DE FRIJOLES REFRITOS CALIENTES
6 HUEVOS REVUELTOS CALIENTES

PREPARACION:

PARTE LOS BOLILLOS POR LA MITAD, LE PONEMOS FRIJOLES AL BOLILLO Y HUEVO EN PORCIONES IGUALES A TODOS LOS BOLILLOS. LA RECETA DE LOS FRIJOLES Y DE LOS HUEVOS ESTAN EN ESTE LIBRO. ES BIEN FACIL Y SABROSO.

HIJO MIO, COME LA BUENA MIEL; SABE DULCE LA MIEL DEL PANAL. LA SABIDURIA ES ASI DE BUENA PARA TU ALMA; SI ERES SABIO TIENES ESPERANZA Y LA ESPERANZA NUNCA SE ACABA.
PROVERBIOS 24:13,14

TACOS DE BISTEC

INGEREDIENTES:

3 BISTECES GRANDES DE RES

12 TORTILLAS

3 LIMONES PARTIDOS A LA MITAD

6 CHILES JALAPEÑOS

SALSA AL GUSTO

ACEITE EL NECESARIO

1 CEBOLLA MEDIANA FILETIADA

¼ DE TAZA DE CILANTRO PICADO

SAL AL GUSTO

PREPARACION:

EN UN SARTEN SE FRIEN LOS BISTESES SE LE AGREGA SAL Y CUANDO YA ESTEN COCIDOS SE SACAN Y SE PICAN SE PONEN EN UN RECIPIENTE APROPIADO, LA CEBOLLA SE FRIE UN POCO Y SE PONE EN UN RECIPIENTE, SE FRIEN LOS CHILES ASI ENTEROS CUANDO YA ESTEN FRITOS SE RETIRAN DEL FUEGO. EN UN COMAL CALENTAMOS LAS TORTILLAS; PONEMOS DOS TORTILLAS JUNTAS Y LE PONEMOS EN MEDIO UN POCO DE CARNE PICADA, CEBOLLA Y CILANTRO LO SERVIMOS EN UN PLATO EXTENDIDO EN CADA PLATO PONEMOS DOS TACOS, UN CHILE ASADO, ½ LIMON Y SALSA AL GUSTO. EL PROCEDIMIENTO ES EL MISMO PARA TODOS LOS TACOS.

SI DIOS LE DA A UNO RIQUEZA, PROPIEDADES Y EL PODER DE DISFRUTAR DE ELLAS, HAY QUE APROVECHAR, ACEPTAR LO QUE DIOS LE DA A UNO COMO REGALO, EL FRUTO DE NUESTRO TRABAJO.

ECLESIASTES 5:19

HUEVO A LA MEXICANA

INGREDIENTES:

8 HUEVOS

3 CHILES JALAPEÑOS PICADOS

1 TBSP/15ML DE ACEITE

4 JITOMATES ROMA GRANDES PICADOS

1 CEBOLLA MEDIANA PICADA

¼ TSP/12ML DE SAL

PREPARACION:

SE PONE A CALENTAR EL ACEITE EN UN SARTEN GRANDE CUANDO YA ESTE CALIENTE SE AÑADE LA CEBOLLA, EL CHILE Y LOS HUEVOS. ESPERAMOS A QUE LOS HUEVOS ESTEN COSIDOS Y AGREGAMOS EL JITOMATE Y LA SAL, CUANDO EL JITOMATE ESTE COCIDO SE RETIRA DEL FUEGO.

SE PUEDE ACOMPAÑAR CON FRIJOLES Y TORTILLAS.

TE BENDICE EN ABUNDANCIA, TE REJUVENECE COMO EL AGUILA CUANDO MUDA EL PLUMAJE.

SALMOS 103:5

TORTA DE HUEVO

INGREDIENTES:

4 HUEVOS

¼ DE CEBOLLA MEDIANA PICADA

½ TBSP/7.5 ML DE ACEITE

1 CHILE SERRANO PICADO

SAL AL GUSTO

PREPARACION:

EN UN PLATO HONDO PONEMOS TODOS LOS INGREDIENTES MENOS EL ACEITE, Y LOS REVOLVEMOS BIEN. EN UN SARTEN CALENTAMOS UN POCO DE ACEITE Y VACIAMOS LA MITAD DEL CONTENIDO DEL PLATO, COCEMOS POR UN LADO LUEGO POR EL OTRO. (SALEN DOS TORTAS DE HUEVO)

SERVIMOS EN UN PLATO EXTENDIDO.

EL CAMPO PRODUCIRA SUS COSECHAS, TENDRAN SUFICIENTE PARA COMER Y VIVIRAN CON SEGURIDAD EN LA TIERRA.

LEVITICO 25:19

FRIJOLES DE LA OLLA

INGREDIENTES:

1 TAZA DE FRIJOLES NEGROS   SAL AL GUSTO

½ CEBOLLA MEDIANA PICADA   AGUA LA NECESARIA

PREPARACION:

EN UNA OLLA SE PONE APROXIMADAMENTE 8 TAZAS DE AGUA A HERVIR CUANDO SUELTE EL HERVOR SE AGREGAN LOS FRIJOLES LAVADOS Y LA CEBOLLA SE DEJA POR 45 MINUTOS APROXIMADAMENTE TENIENDO CUIDADO QUE NO SE LE EVAPORE TODO EL AGUA SI ES NECESARIO SE LE AGREGA Y LE PONEMOS SAL AL GUSTO. CUANDO YA ESTEN BLANDITOS CASI PARTIDOS LOS SACAMOS DEL FUEGO. TIENEN QUE QUEDAR CON UN POCO DE CALDO.

MAS BIEN SE REFIERE A NOSOTROS. LA ESCRITURA ES PARA NUESTRO BIENESTAR. PUES TANTO EL QUE ARA LA TIERRA COMO EL QUE TRILLA DEBEN HACERLO CON LA ESPERANZA DE RECIBIR UNA PARTE DE LA COSECHA.

1 DE CORINTIOS 9:10

PAPAS CON HUEVO

INGREDIENTES:

2 PAPAS MEDIANAS PICADAS

1 JITOMATE GRANDE

½ CEBOLLA MEDIANA PICADA

SAL AL GUSTO

4 HUEVOS

2 CHILES VERDES PICADOS

ACEITE EL NECESARIO

PREPARACION:

EN UN SARTEN PONEMOS UN POCO DE ACEITE A CALENTAR Y AGREGAMOS LAS PAPAS LAS FREIMOS HASTA QUE ESTEN COCIDAS, AGREGAMOS LOS CHILES, CEBOLLA, SAL Y HUEVOS; CUANDO LOS HUEVOS YA ESTEN COCIDOS AGREGAMOS EL JITOMATE REVOLVEMOS UN POCO Y ESPERAMOS A QUE ESTE COCIDO EL JITOMATE Y RETIRAMOS DEL FUEGO.

Y DIOS DIJO: MIREN, LES HE DADO TODAS LAS PLANTAS QUE DAN SEMILLAS Y LOS ARBOLES QUE DAN FRUTOS CON SEMILLAS. ELLOS SERAN SU COMIDA.

GENESIS 1:29

TRIANGULITOS BOTANEROS

INGREDIENTES:

4 TORTILLAS   ACEITE EL NECESARIO

SAL AL GUSTO   SERVILLETAS DE PAPEL

PREPARACION:

SE CORTAN LAS TORTILLAS EN CUATRO PARTES, EN UN SARTEN PONEMOS HA CALENTAR UN POCO DE ACEITE, YA CALIENTE PONEMOS LAS TORTILLAS A FREIR CON UN POQUITO DE SAL LAS FREIMOS BIEN Y LAS SACAMOS, SECANDOLAS CON SERVILLETAS DE PAPEL PARA QUITAR EL EXESO DE GRASA PONEMOS EN UN PLATON Y A DISFRUTARLOS CON LO QUE TU QUIERAS.

DICEN QUE ES PROHIBIDO CASARSE Y QUE ALGUNOS ALIMENTOS NO DEBEN COMER, PERO DIOS CREO ESOS ALIMENTOS. LOS QUE SON CREYENTES Y CONOCEN LA VERDAD SABEN QUE PUEDEN COMERLOS DANDO GRACIAS A DIOS.

1 TIMOTEO 4:3

TOSTADAS TRADICIONALES

INGREDIENTES:

6 TOSTADAS DE TU PREFERENCIA   1 TAZA DE FRIJOLES REFRITOS
¼ DE TAZA DE QUESO RALLADO   SALSA AL GUSTO
ENSALADA DE LECHUGA AL GUSTO.

PREPARACION:

LE PONEMOS FRIJOLES A LAS TOSTADAS, LE AGREGAMOS LECHUGA, QUESO Y SALSA AL GUSTO.

SE SIRVEN EN UN PLATO EXTENDIDO LAS TOSTADAS TU LAS PUEDES HACER DE CUALQUIER TORTILLA FRITA EN ACEITE, QUITANDOLE EL EXESO DE GRASA CON SERVILLETAS DE PAPEL.

EL JUSTO COME HASTA QUEDAR SATISFECHO, PERO EL PERVERSO QUEDA CON HAMBRE.
PROVERBIOS 13:25

POSTRES

CAPIROTADA

INGREDIENTES:

2 BOLILLOS PARTIDOS EN RODAJAS Y SECOS

2 OZ/57 G DE QUESO FRESCO

6 OZ/170G DE PILONCILLO

SERVILLETAS DE PAPEL

ACEITE EL NECESARIO

2OZ/57G DE CACAHUATE TOSTADO

2 TAZAS DE AGUA

PREPARACION:

PELAMOS LOS CACAHUATES, EN UN SARTEN CALENTAMOS UN POCO DE ACEITE; YA CALIENTE PONEMOS A FREIR LOS TROZOS DE PAN HASTA TOSTAR TODOS POR AMBOS LADOS, QUITANDOLE EL EXESO DE GRASA CON SERVILLETAS. PONEMOS EL AGUA A HERVIR EN UN TRASTE APROPIADO Y AÑADIMOS EL PILONCILLO, DEJAMOS A QUE SE DERRITA Y AGREGAMOS EL PAN TOSTADO, CACAHUATES Y QUESO REVOLVEMOS UN POCO, RETIRAMOS DEL FUEGO CUANDO EL LIQUIDO SE HAYA CONSUMIDO.

PORQUE LO QUE COMA UNA PERSONA NO AFECTA SU MANERA DE PENSAR, SINO QUE VA A SU ESTOMAGO Y LUEGO SALE A LA LETRINA. CON ESTAS PALABRAS JESUS DABA A ENTENDER QUE NINGUN ALIMENTO ESTA PROHIBIDO.

MARCOS 7:19

PALANQUETAS

INGREDIENTES:

6OZ/170G DE PILONCILLO
1 TAZA DE AGUA

6OZ/170G DE CACAHUTE TOSTADO
PAPEL ALUMINIO EL NECESARIO

PREPARACION:

EN UN RECIPIENTE HONDO PONEMOS A CALENTAR EL AGUA Y EL PILONCILLO HASTA QUE SE DERRITA COMPLETAMENTE. PELAMOS LOS CACAHUATES Y LOS AGREGAMOS AL LIQUIDO QUE TIENES HIRVIENDO, EN UNA SUPERFICIE PLANA Y SEGURA PONEMOS PAPEL ALUMINIO PARA PODER PONER LAS PALANQUETAS, CUANDO YA SE EVAPORO EL AGUA Y ESTA ESPESO, LO RETIRAMOS DEL FUEGO CON CUIDADO Y EMPESAMOS A FORMAR LAS PALANQUETAS ENCIMA DEL PAPEL ALUMINIO, PUEDEN SER RECTANGULARES O REDONDAS, CUANDO TERMINES DE HACERLAS PONLE AGUA AL TRASTE Y A LA CUCHARA QUE USASTE Y PONLO A CALENTAR PARA QUE LO PUEDAS LAVAR.

HE VISTO QUE ESTO ES LO MEJOR QUE PUEDE HACER UNO: COMER, BEBER Y DISFRUTAR DE SU TRABAJO DURANTE LA CORTA EXISTENCIA EN ESTA TIERRA. DIOS NOS CONCEDE UNA VIDA BREVE Y ESO ES TODO LO QUE TENEMOS.

ECLESIASTES 5:18

TORREJAS

INGREDIENTES:

2 REBANADAS DE PAN DE CAJA (PAN PARA SANDWICH)   MERMELADA DE TU GUSTO
2 HUEVOS   ACEITE EL NECESARIO
SERVILLETAS DE PAPEL

PREPARACION:

PARTIMOS EN DOS PEDAZOS LA REBANADA DE PAN DE MANERA QUE SE CORTE EN FORMA DE TRIANGULO, HACEMOS LO MISMO CON LA OTRA REBANADA. EN UN SARTEN CALENTAMOS UN POCO DE ACEITE, EN UNPLATO PONEMOS LOS HUEVOS Y LOS BATIMOS; PASAMOS LOS PEDAZOS DE PAN POR ELL HUEVO Y LUEGO LOS FREIMOS PRIMERO DE UN LADO LUEGO DEL OTRO LOS SACAMOS Y CON SERVILLETAS DE PAPEL LES QUITAMOS EL EXESO DE GRASA. SERVIMOS EN UN PLATO EXTENDIDO Y PONEMOS MERMELADA AL GUSTO.

EL SEÑOR TODO PODEROSO DICE: TRAIGAN TODOS LOS DIEZMOS AL GRANERO DEL TEMPLO Y ASI HABRA ALIMENTO EN MI CASA. PONGANME A PRUEBA EN ESTO Y VERAN SI NO ABRO LAS VENTANAS DEL CIELO PARA DERRAMAR SOBRE USTEDES UNA LLUVIA DE BENDICIONES HASTA QUE LES SOBRE DE TODO.
MALAQUIAS 3:10

CONSERVA DE MANGO

INGREDIENTES:

6 MANGOS NO MUY MADUROS

4 TAZAS DE AGUA

½ TAZA DE AZUCAR

1 RAJA DE CANELA

PREPARACION:

PONEMOS A HERVIR EL AGUA CON LA CANELA, PELAMOS LOS MANGOS Y LOS REBANAMOS; CUANDO YA ESTE HIRVIENDO EL AGUA AGREGAMOS LAS REBANADAS DE MANGO DEJAMOS POR 10 MINUTO, AÑADIMOS LA AZUCAR Y DEJAMOS 5 MINUTOS MAS Y LISTO.

DESPUES LES DIJO A SUS SEGUIDORES: POR ESO LES DIGO QUE NO SE PREOCUPEN POR LO QUE VAN A COMER NI POR LA ROPA QUE SE BAN A PONER.

LUCAS 12:22

MERMELADA DE FRESA

INGREDIENTES:

1 LB/1/2 K DE FRESAS   1 TAZA DE AZUCAR

1 TAZA DE AGUA   1 FRASCO CON TAPA

PREPARACION:

LAVAMOS BIEN LAS FRESAS QUITANDOLE LA PATITA VERDE, EN UN RECIPIENTE APROPIADO PONEMOS A HERVIR EL AGUA, AGREGAMOS LAS FRESAS Y EL AZUCAR. ESTO ES SI QUEREMOS QUE EN LA MERMELADA SE VEA LA FRUTA SINO LICUAMOS LA FRESA, MOVEMOS CONSTANTEMENTE. ESPERAMOS A QUE EL AGUA SE CONSUMA Y VACIAMOS EN EL FRASCO, ESPERAMOS A QUE ENFRIE BIEN Y TAPAMOS.

DIOS LES DA ALIMENTO A TODOS LOS SERES VIVIENTES, PORQUE SU FIEL AMOR ES PARA SIEMPRE.

SALMOS 136:25

ARROZ CON LECHE

INGREDIENTES:

½ TAZA DE ARROZ

1 LATA DE LECHE EVAPORADA

2 TAZAS DE LECHE DE TU PREFERENCIA

¼ DE TAZA DE PASITAS (UVAS SECAS)

1 LATA DE LECHE CONDENSADA

6 TAZAS DE AGUA

1 RAJA DE CANELA

PREPARACION:

PONEMOS EL AGUA A HERVIR CON LA CANELA, UNA VEZ HIRVIENDO AGREGAMOS EL ARROZ HASTA QUE ESTE BIEN COCIDO; AÑADIMOS LAS LECHES Y LAS PASITAS, ESPERAMOS HASTA QUE ESTE BIEN ESPESO Y RETIRAMOS DEL FUEGO. (NO DEJE DE MOVER PORQUE SE PEGA)

LO METEMOS AL REFRIGERADOR Y SERVIMOS BIEN FRIO.

TE BENDECIRA CON MUCHOS HIJOS, Y BENDECIRA TUS CAMPOS CON BUENAS COSECHAS. LAS CRIAS DE TUS ANIMALES SERAN BENDITAS Y TUS TERNEROS Y CORDEROS SERAN BENDITOS.

DEUTERONOMIO 28:4

PASTEL DE LIMON

INGREDIENTES:

2 PAQUETES DE GALLETAS MARIAS

1 LATA DE LECHE EVAPORADA

1 LATA DE LECHE CONDENSADA

EL JUGO DE 4 LIMONES MEDIANOS

PREPARACION:

EN UN RECIPIENTE MEZCLAMOS LAS LECHES Y EL JUGO DE LIMON. EN UN REFACTARIO (TRASTE RECTANGULAR DE VIDRIO) SE ACOMODA UNA CAPA DE GALLETAS Y SE BAÑA CON LA MEZCLA, SE REPITE ESTE PROCEDIMIENTO HASTA TERMINAR CON LAS GALLETAS Y LA MEZCLA; CUAN YA SE TERMINE SE CUBRE CON UN PLASTICO AUTOADERIBLE Y SE REFRIGERA HASTA QUE ESTE FIRME, APROXIMADAMENTE 24 HORAS.

SE SIRVE PARTIENDOLO EN CUADRITOS.

CONFIEN A DIOS TODAS SUS PREOCUPACIONES, PORQUE EL CUIDA DE USTEDES.

1 PEDRO 5:7

PULPA DE TAMARINDO

INGREDIENTES:

1LB/1/2 K DE TAMARINDO MADURO   1 TAZA DE AZUCAR

1 FRASCO CON TAPA O BOLSAS CON SIERRE

PREPARACION:

PELAMOS TODO EL TAMARINDO Y EN UN RECIPIENTE PONEMOS EL TAMARINDO PELADO Y EL AZUCAR, LO AMASAMOS BIEN REVOLVIENDOLO TODO HASTA QUE QUEDE UNA SOLA PASTA, SE HACEN BOLITAS DEL TAMAÑO QUE TU QUIERAS Y LO GUARDAS EN EL FRASCO O BOLSA, SE COME COMO DULCE O PUEDE UTILIZARCE PARA AGUA O ATOLE.

ELLOS NO SUFRIERON DE SED CUANDO EL LOS LLEVO POR EL DESIERTO.

EL HIZO QUE EL AGUA FLUYERA PARA ELLOS DE UNA ROCA.

PARTIO LA ROCA Y EL AGUA BROTO.

ISAIAS 48:21

FLAN CASERO

INGREDIENTES:

4 TAZAS DE LECHE

1 LATA DE LECHE CONDENSADA

½TBSP/7.5ML DE ESENCIA DE VAINILLA

3 HUEVOS

1/8 CUP/30ML DE AZUCAR

PREPARACION:

SE PONE A LICUAR TODOS LOS INGREDIENTES MENOS EL AZUCAR, EL AZUCAR SE DERRITE EN UN SARTEN A FUEGO MEDIO HASTA QUEDAR COLOR CARAMELO Y LO VACIAMOS EN UN MOLDE PARA FLAN. DESPUES VACIAMOS LO LICUADO; LO PONEMOS A COCER A BAÑO MARIA (ADENTRO DE OTRA OLLA CON AGUA) EN EL HORNO A 350 GRADOS F/177 GRADOS C POR ESPACIO DE UNA HORA.

DESPUES DE QUE ESTE BIEN FRIO LO DESMOLDAMOS.

ESTIMADO HERMANO, ESTAS HACIENDO UN BUEN TRABAJO AL AYUDAR LO MEJOR POSIBLE A NUESTROS HERMANOS, AUN CUANDO NO LOS CONOZCAS.

3 JUAN 5

MELON TROPICAL

INGREDIENTES:

1 MELON MADURO PERO FIRME   NIEVE DE TU PREFERENCIA

PREPARACION:

A LA MITAD DEL MELON QUEDANDO EL OMBLIGO DEL MELON PARA ARRIBA EMPESAMOS HACER CORTES DE LA SIGUIENTE FORMA (VVVVVVVVV) PARA QUE CUANDO SE DESPRENDAN LAS DOS MITADES TENGA COMO ADORNO LOS PICOS, PASAMOS EL CUCHILLO POR TODO EL REDEDOR DEL MELON TENIENDO CUIDADO DE NO CORTAR HASTA LA CASCARA DESPUES HACEMOS UNOS CORTES COMO FORMANDO REBANADAS PERO SIN LLEGAR COMPLETAMENTE HASTA LA CASCARA PORQUE NOS VA HA SERVIR PARA PONERLE ENCIMA BOLAS DE NIEVE A TU GUSTO.

TODOS COMIERON Y QUEDARON SATISFECHOS. DESPUES DE ESTO, LOS SEGUIDORES LLENARON DOCE CANASTAS CON LO QUE SOBRO. MAS O MENOS CINCO MIL HOMBRES COMIERON, SIN CONTAR A LAS MUJERES NI A LOS NIÑOS.

MATEO 14:20,21

DULCE DE GARBANZO

INGREDIENTES:

½ TAZA DE GARBANZO

AGUA LA NECESARIA

6 OZ/170G DE PILONCILLO

PREPARACION:

EN 8 TAZAS DE AGUA PONEMOS A REMOJAR EL GARBANZO UNA NOCHE ANTES, AL DIA SIGUIENTE LE QUITAMOS EL PELLEJITO, LO PONEMOS A COCER CON 4 TAZAS DE AGUA, LE AGREGAMOS EL PILONCILLO Y LO RETIRAMOS DEL FUEGO CUANDO ESTA BIEN COCIDO Y YA NO TIENE MUCHA AGUA TIENE QUE QUEDAR EL LIQUIDO ESPECITO.

ELIAS HIZO LO QUE EL SEÑOR LE DIJO Y FUE A VIVIR CERCA DEL ARROYO QUERIT, AL ORIENTE DEL RIO JORDAN. CADA DIA LOS CUERVOS LE LLEVABAN CARNE Y PAN, TANTO POR LA MAÑANA COMO AL ATARDECER, Y BEBIA AGUA DEL ARROYO.

1 REYES 17:5,6

TAQUITOS DE QUESO

INGREDIENTES:

2 TAZAS DE HARINA DE TRIGO

½ TAZA DE AGUA TIBIA

1/8 CUP/30ML DE CANELA MOLIDA

¼ DE TAZA DE MANTECA

½ TAZA DE AZUCAR

1 QUESO FRESCO DE ARO

PREPARACION:

EN UN RECIPIENTE APROPIADO AMASAMOS LA MASA, (HARINA, MANTECA Y AGUA). HACEMOS 12 BOLITAS CON ESTA MASA, EL QUESO LO DESBORONAMOS; LA CANELA LA REVOLVEMOS CON EL AZUCAR, CADA BOLITA LA APLASTAMOS CON UNA TORTIADORA, LE PONEMOS QUESO EN EL CENTRO FORMAMOS UNA QUESADILLA Y LUEGO UNIMOS LAS ESQUINAS PARA FORMAR UN TACO, LUEGO LO PONEMOS EN UNA CHAROLA PARA HORNEAR, ASI SEGUIMOS ESTE PROCEDIMIENTO CON TODAS LAS BOLITAS HASTA TERMINAR. CALENTAMOS EL HORNO A 350 GRADOS (F)/177 GRADOS(C) Y LOS DEJAMOS ENTRE 15 Y 20 MINUTOS. CUANDO YA LOS SACAMOS DEL HORNO LOS PASAMOS EN EL AZUCAR CON CANELA.

DIOS ALIMENTA A LOS QUE LO RESPETAN, NUNCA SE OLVIDA DE SU PACTO CON ELLOS.
SALMOS 111:5

CHURROS

INGREDIENTES:

1TAZA DE HARINA DE TRIGO

2 HUEVOS

ACEITE EL NECESARIO

¼ DE TAZA DE AGUA TIBIA

¼ DE TAZA DEAZUCAR CON CANELA

SERVILLETAS DE PAPEL

PREPARACION:

EN UN TRASTE APROPIADO REVOLVEMOS LA HARINA, EL AGUA Y LOS HUEVOS. EN UN SARTEN CALENTAMOS UN POCO DE ACEITE, CON UNA DUYA PARA CHURROS LE HECHAMOS LA PASTA Y LOS PONEMMOS EN EL ACEITE SI NO TIENES LA DUYA PARA CHURROS USA UNA BOLSA DE PLASTICO EN LA PUNTA LE HACES UN CORTE DE MANERA QUE POR ESTE ORIFICIO SALGA LA PASTA Y QUEDE COMO UN GUSANO EN EL ACEITE, DEBEMOS DE TENER CUIDADO QUE SEA SUFICIENTE ACEITE ESTO ES QUE EL CHURRO ESTE CUBIERTO CON EL. CUANDO YA ESTA COCIDO SE SACA DEL ACEITE SE PONE SOBRE UNA SERVILLETA PARA QUITARLE EL EXESO DE GRASA Y SE LE ESPOLVOREA EL AZUCAR CON CANELA. Y ESTE PROCEDIMIENTO SE CONTINUA HASTA TERMINAR CON LA PASTA.

ERES COMO UN MANANTIAL DE AGUA FRESCA QUE BAJA DE LAS MONTAÑAS DEL LIBANO.

CANTARES 4:15

SALSAS

VERDE

INGREDIENTES:

1 LB/1/2 K DE TOMATE VERDE   ½ LB/1/4 K DE CHILE SERRANO
3 DIENTES DE AJO   ½ CEBOLLA MEDIANA
AGUA LA NECESARIA   1 RAMA DE CILANTRO
SAL AL GUSTO

PREPARACION:

EN UN OLLA PONEMOS AGUA A HERVIR, AGREGAMOS LOS CHILES Y EL JITOMATE A COCER; UNA VEZ COCIDOS LOS LICUAMOS JUNTAMENTE CON EL CILANTRO AJOS, 1 TAZA DE AGUA Y CEBOLLA. YA LICUADOS LOS PONEMOS EN UNA SALSERA Y AGREGAMOS SAL AL GUSTO.

EL QUE TRABAJA TENDRA ALIMENTO EN ABUNDANCIA, PERO EL QUE NO HACE MAS QUE SOÑAR NO SALDRA DE POBRE.
PROVERBIOS 28:19

ROJA

INGREDIENTES:

10 CHILES GUAJILLOS

3 DIENTES DE AJO

SAL AL GUSTO

3 JITOMATES GRANDES MADUROS

½ CEBOLLA MEDIANA

AGUA LA NECESARIA

PREPARACION:

A LOS CHILES LES QUITAMOS LAS SEMILLAS Y EL PALITO, LOS PONEMOS A COCER EN AGUA JUNTAMENTE CON LOS JITOMATES; YA COCIDOS SE LICUAN JUNTO CON LA CEBOLLA, 1 TAZA DE AGUA Y AJOS SE PONEN EN UNA SALSERA Y SE LE AGREGA SAL AL GUSTO.

PORQUE LO IMPORTANTE ES GLORIFICAR A DIOS EN TODO, YA SEA AL COMER, AL BEBER O AL HACER CUALQUIER OTRA COSA.
1 CORINTIOS 10:31

PICO DE GALLO

INGREDIENTES:

3 JITOMATES GRANDES

1 CEBOLLA CHICA

SAL AL GUSTO

2 CHILES JALAPEÑOS

1 RAMA DE CILANTRO

PREPARACION:

SE LAVAN BIEN LOS JITOMATES, CHILES Y CILANTRO DESPUES PICAMOS LOS CHILES, JITOMATE Y CEBOLLA EN CUADRITOS Y EL CILANTRO FINITO. LO PONEMOS EN UNA SALSERA O RECIPIENTE APROPIADO Y AGREGAMOS SAL AL GUSTO.

PIERDEN EL TIEMPO USTEDES, QUE SE LEVANTAN TEMPRANO Y SE ACUESTAN TARDE PARA COMER UN PAN CONSEGUIDO CON SUFRIMIENTO PORQUE DIOS DA A QUIEN AMA, AUN MIENTRAS DUERME.

SALMOS 127:2

PIQUINSITO

INGREDIENTES:

4 OZ/113G DE CHILE PIQUIN SECO   ½ TBSP/7.5MIL DE SAL
1 FRASQUITO DE CRISTAL CON TAPA

PREPARACION:

SE TUESTA EL CHILE EN UN COMAL, SE DEJA ENFRIAR Y SE MUELE EN UN MOLCAJETE
SECO HASTA REDUCIR TODOS LOS CHILES Y SEMILLAS EN POLVO SE PONE EN EL FRASCO
Y SE LE AGREGA LA SAL DESPUES EL FRASCO SE TAPA Y SE AGITA HASTA QUE LA SAL
ESTE BIEN INCORPORADA.

ES IDEAL PARA LAS ENSALADAS Y FRUTA.

ENTONCES UNA VOZ LE DIJO: PEDRO, LEVANTATE, MATA Y
COME PEDRO RESPONDIO: YO NO HARIA ESO, SEÑOR NUNCA HE
COMINO NADA PROHIBIDO O IMPURO. PERO LA VOZ VOLVIO A
DECIRLE: NO LLAMES PROHIBIDO A LO QUE DIOS A PURIFICADO.

HECHOS 10:13-15

MEXICANA

INGREDIENTES:

3 JITOMATES GRANDES Y MADUROS

¼ DE CEBOLLA MEDIANA

1 TAZA DE AGUA

4 CHILES JALAPEÑOS

3 DIENTES DE AJO

SAL AL GUSTO

PREPARACION:

EN UN COMAL O SARTEN ASAMOS LOS CHILES Y LOS JITOMATES. DESPUES LICUAMOS TODO MENOS LA SAL Y YA LICUADO PONEMOS LA SALSA EN UN RECIPIENTE APROPIADO Y AGREGAMOS LA SAL.

**TODOS BUSCAN EN TI EL ALIMENTO
Y EN EL MOMENTO APROPIADO
LES DAS SU COMIDA.**
SALMOS 145:15

CURTIDO

INGREDIENTES:

6 CHILES SERRANOS

1 CEBOLLA CHICA

10 LIMONES

SAL AL GUSTO

PREPARACION:

SE PICAN EN PEDACITOS PEQUEÑOS LOS CHILES Y CEBOLLA, SE EXPRIMEN LOS LIMONES Y SE INCORPORA TODO EN UN RECIPIENTE DE CRISTAL CON TAPA, SE LE AÑADE SAL AL GUSTO SE ESPERA 2 DIAS Y A DISFRUTARLO.

EL SEÑOR TE GUIARA PERMANENTEMENTE, DARA SATISFACCION A TUS NECESIDADES CUANDO ESTES EN TIERRAS SECAS, Y FORTALECERA TUS HUESOS.
SERA COMO UN JARDIN, COMO MANANTIAL DE AGUA QUE NUNCA SE SECA.
ISAIAS 58:11

BEBIDAS

AGUA DE HORCHATA

INGREDIENTES:

¼ TAZA DE ARROZ   1 TSP/5ML DE CANELA MOLIDA

AZUCAR AL GUSTO   1GAL/3.78 L DE AGUA

PREPARACION:

SE TUESTA EN UN COMAL O SARTEN EL ARROZ HASTA QUE QUEDE BIEN TOSTADITO (NO QUEMADO), LO LICUAMOS CON UNA TAZA DE AGUA Y LO COLAMOS; AGREGAMOS EL RESTO DE AGUA, AZUCAR AL GUSTO, LA CANELA Y HIELOS (OPCIONAL).

REVOLVEMOS TODO MUY BIEN Y A DISFRUTARLO.

EL LES DIO A ELLOS LA TIERRA DE OTRAS NACIONES Y ASI LES MOSTRO EL PODER DE SUS OBRAS.

SALMOS 111:6

AGUA DE PINOLE

INGREDIENTES:

¼ DE TAZA DE MAIZ SECO   AZUCAR LA NECESARIA
1 GAL/3.78L DE AGUA

PREPARACION:

EN UN SARTEN TOSTAMOS EL MAIZ Y LUEGO LO LICUAMOS CON UNA TAZA DE AGUA, DESPUES LO COLAMOS Y LE AGREGAMOS EL RESTO DE AGUA, AZUCAR Y HIELOS AL GUSTO.

LO REVOLVEMOS BIEN HASTA INCORPORAR TODO.

DISFRUTALO.

CUANDO ESTUVIMOS CON USTEDES LES DIMOS ESTA ORDEN:
"EL QUE NO TRABAJE, QUE NO COMA".
2 TESALONICENSES 3:10

AGUA TROPICAL

INGREDIENTES:

2 MANZANAS MEDIANAS   1 REBANADA GRANDE DE SANDIA
2 PLATANOS   AZUCAR LA NECESARIA
1 CUCHARADITA DE COLOR ROSA PARA ALIMENTOS
1 GAL/3.78L DE AGUA

PREPARACION:

LICUAMOS 1 MANZANA, 1 PLATANO Y ½ REBANADA DE SANDIA CON UN POCO DE AGUA, EL RESTO DE FRUTA LO PICAMOS EN TROZOS PEQUEÑITOS. PONEMOS LO LICUADO, EL AGUA, AZUCAR AL GUSTO Y LOS TROZOS DE FRUTA EN UN RECIPIENTE APROPIADO Y REVOLVEMOS TODO, AGREGAMOS EL COLOR Y SI QUIERES HIELOS.

ESTA AGUA ES SABROSA Y NUTRITIVA.

JETRO, EL SUEGRO DE MOISES, HIZO OFRENDAS Y SACRIFICIOS PARA HONRAR A DIOS, Y AARON Y TODOS LOS ANCIANOS DE ISRAEL FUERON A COMER FRENTE A DIOS CON EL SUEGRO DE MOISES.

EXODO 18:12

AGUA DE TAMARINDO

INGREDIENTES:

¼ DE TAZA DE TAMARINDO PELADO   AZUCAR LA NECESARIA

1 GAL/3.78L DE AGUA

PREPARACION:

PON A HERVIR EL TAMARINDO CON UN POCO DE AGUA, ESPERA A QUE ENFRIE Y AGREGA EL AGUA, AZUCAR AL GUSTO Y REVUELVE BIEN, CUELA EL AGUA PARA QUE CUANDO SIRVAS NO SE BALLAN AL VASO LAS SEMILLAS DE TAMARINDO. AGREGA HIELO A TU GUSTO.

TU CUIDAS LA TIERRA Y LA RIEGAS; LLEVAS AGUA A LOS RIOS Y MARES Y HACES CRECER LOS TRIGALES.
ASI PREPARAS LAS TIERRAS DE CULTIVO.
SALMOS 65:9

LIMONADA

INGREDIENTES:

EL JUGO DE 15 LIMONES MEDIANOS   1 TAZA DE AZUCAR

1 GAL/3.78L DE AGUA   HIELOS

PREPARACION:

EN UN RECIPIENTE APROPIADO PONEMOS EL AGUA, AGREGAMOS EL AZUCAR REVOLVEMOS HASTA QUE ESTE DILUIDO, AÑADIMOS EL JUGO DE LOS LIMONES Y EL HIELO; REVOLVEMOS OTRA VEZ Y SERVIMOS.

SE LEVANTA BIEN TEMPRANO EN LA MAÑANA, DA DE COMER A SU FAMILIA Y A LAS CRIADAS.
PROVERBIOS 31:15

PONCHE

INGREDIENTES:

1 RAJA DE CANELA

½ LB/250G DE CIRUELA

½ LB/250G DE TEJOCOTE

½ LB/250G DE MANZANAS

1 TAZA DE AZUCAR

8 TROCITOS DE CAÑA

½ LB/250G DE GUAYABA

1 GAL/3.78L DE AGUA

PREPARACION:

SE PONE EL AGUA A HERVIR CON LA CANELA, TODAS LAS FRUTAS LAS PARTIMOS EN TROZOS PEQUEÑOS Y LOS AGREGAMOS A LA OLLA DONDE ESTE HIRVIENDO EL AGUA CON LA CANELA Y DESPUES LE PONEMOS AL TE AZUCAR EN LA OLLA; CUANDO TODAS LAS FRUTAS ESTAN COCIDAS ESTA LISTO. EL TE DEBE DE QUEDAR CON SUFICIENTE LIQUIDO SI VES QUE LE HACE FALTA AGREGA AGUA ESPERA A QUE ESTE HIRVIENDO Y SE RETIRA DEL FUEGO.

HASTA LOS MAS PODEROSOS SUSFREN DE HAMBRE PORQUE LES FALTA LA COMIDA. PERO LA GENTE QUE BUSCA AYUDA EN EL SEÑOR NADA LE HARA FALTA.

SALMOS 34:10

CHOCOLATE MEXICANO

INGREDIENTES:

4 TAZAS DE LECHE   1LB/500G DE CACAO
AZUCAR LA NECESARIA   1 RAJA DE CANELA

PREPARACION:

EN EL COMAL TOSTAMOS EL CACAO DESPUES LO MOLEMOS EN EL METATE Y LO PONEMOS EN UN RECIPIENTE APROPIADO Y LE AGREGAMOS UNA TAZA DE AZUCAR, AMASAMOS EL CHOCOLATE Y LE DAMOS FORMA CON LAS MANOS PUEDE SER COMO UN PALITO GORDO O REDONDO, SE GUARDA EN PAPEL ENCERADO; PONEMOS 4 TAZAS DE LECHE A HERVIR Y LE PONEMOS 2 TROZOS DE CHOCOLATE, UNA RAJA DE CANELA Y AZUCAR AL GUSTO.ESTA BEBIDA ES ARTESANAL.

UN CAMPESINO NO TRILLA EL ENELDO CON RASTRILLO NI HACE PASAR UNA CARRETA POR ENCIMA DEL COMINO, SINO QUE GOLPEA EL ENELDO CON UNA VARA Y EL COMINO CON UN PALO.

ISAIAS 28:27

CAFÉ DE LA OLLA

INGREDIENTES:

4 TAZAS DE AGUA   AZUCAR AL GUSTO
½ TBSP/7.5ML DE CAFÉ MOLIDO

PREPARACION:

PONEMOS A HERVIR EL AGUA CUANDO YA ESTE HIRVIENDO AGREGAMOS EL CAFÉ Y AZUCAR AL GUSTO SACAMOS DEL FUEGO Y ESPERAMOS A QUE EL CAFÉ SE HACIENTE (SE BAJE AL FONDO DE LA OLLA) SE SIRVE TENIENDO CUIDADO DE QUE NO SE REVUELVA.

HE VIVIDO MUCHOS AÑOS Y NUNCA HE VISTO AL JUSTO DESAMPARADO, NI A SUS HIJOS SIN TENER QUE COMER.
SALMOS 37:25

ATOLE DE ELOTE

INGREDIENTES:

6 ELOTES REBANADOS   AZUCAR AL GUSTO
4 TAZAS DE AGUA

PREPARACION:

LICUAMOS LOS GRANOS DE ELOTE CON UNA TAZA DE AGUA Y COLAMOS. PONEMOS 2 TAZAS DE AGUA A HERVIR, UNA VEZ HIRVIENDO LE AGREGAMOS LO LICUADO ESPERAMOS UNOS 5 MINUTOS QUE ESTE HIRVIENDO, AGREGAMOS AZUCAR AL GUSTO Y YA ESTA.

NO ES BUENO COMER MUCHA MIEL, TAMPOCO LO ES BUSCARSE HONORES.
PROVERBIOS 25:27

CHAMPURRADO

INGREDIENTES:

2 TAZAS DE AGUA

1 RAJA DE CANELA

AZUCAR AL GUSTO

4 TAZAS DE LECHE

½ TAZA DE HARINA DE MAIZ

1 TABLILLA DE CHOCOLATE DE 3.15 OZ/90G (CHOCOLATE MEXICANO)

PREPARACION:

PONEMOS A CALENTAR LA LECHE CON LA CANELA, EN UN RECIPIENTE APROPIADO BATIMOS LA HARINA CON LAS DOS TAZAS DE AGUA Y AGREGAMOS A LA OLLA DONDE ESTA LA LECHE, AÑADIMOS EL CHOCOLATE Y LA AZUCAR MOVEMOS POR UNOS 10 MINUTOS TENIENDO CUIDADO QUE NO SE TIRE. SI EMPIEZA A SUBIR BAJALO DE LA LUMBRE.

SI ENCUENTRAS MIEL, COME LO NECESARIO; SI COMES DEMACIADO LA VOMITARAS.
DE LA MISMA FORMA, NO VALLAS CON MUCHA FRECUENCIA A CASA DE TU VECINO PORQUE SE CANSARA DE TI.
PROVERBIOS 25:16,17

AGUA DE PLATANO

INGREDIENTES:

4 TAZAS DE AGUA   4 PLATANOS
¼ DE TAZA DE AZUCAR   COLOR ARTIFICIAL PARA ALIMENTOS

PREPARACION:

LICUAMOS LOS PLATANOS CON UNA TAZA DE AGUA. EN UN RECIPIENTE APROPIADO PONEMOS EL AGUA, AZUCAR Y COLOR DE TU GUSTO, REVOLVEMOS BIEN Y AGREGAMOS LOS PLATANOS LICUADOS VOLVEMOS A REVOLVER BIEN TODO Y AGREGAMOS HIELOS.

EL SEÑOR ES TAN BUENO CON LOS QUE LO RESPETAN COMO UN PADRE CON SUS HIJOS. DIOS SABE TODO DE NOSOTROS; SABE QUE ESTAMOS HECHOS DE POLVO.
SALMOS 103:13,14

AGUA DE MANZANA

INGREDIENTES:

4 TAZAS DE AGUA   2 MANZANAS GRANDES
¼ DE TAZA DE AZUCAR

PREPARACION:

LICUAMOS LAS MANZANAS CON UNA TAZA DE AGUA, EN UN RECIPIENTE APROPIADO AGREGAMOS EL AZUCAR Y LAS MANZANAS LICUADAS REVOLVEMOS BIEN Y AGREGAMOS HIELO AL GUSTO.

FIJENSE EN LOS CUERVOS, QUE NO SIEMBRAN NI COSECHAN. TAMPOCO TIENEN BODEGAS NI GRANEROS, Y AUN ASI, DIOS LOS ALIMENTA. USTEDES VALEN MUCHO MAS QUE LAS AVES.
LUCAS 12:24

ATOLE DE ARROZ

INGREDIENTES:

½ TAZA DE ARROZ
1 TAZA DE AZUCAR
½ GAL/1.89L DE LECHE

5 TAZAS DE AGUA
1 RAJA DE CANELA

PREPARACION:

PONEMOS A COCER EL ARROZ CON EL AGUA Y LA CANELA, YA COCIDO EL ARROZ AGREGAMOS LA LECHE Y AZUCAR. ESTE ATOLE TIENE QUE QUEDAR CON SUFICIENTE LIQUIDO.

QUE NUESTRAS DESPENSAS ESTEN LLENAS
DE TODA CLASE DE ALIMENTOS.
QUE HAYA MILES DE OVEJAS
EN NUESTROS CAMPOS
SALMOS 144:13

TEPACHE

INGREDIENTES:

LA CASCARA DE UNA PIÑA   6 OZ/170G DE PILONCILLO
8 TAZAS/2L DE AGUA

PREPARACION:

EN UN RECIPIENTE APROPIADO CON TAPA PONEMOS LAS CASCARAS DE PIÑA LAVADAS, EL PILONCILLO Y EL AGUA. DEJAMOS 2 DIAS TAPADO Y DESPUES DE ESTE TIEMPO COLAMOS EL LIQUIDO, SI NO TE GUSTA MUY AGRIO PUEDES PONERLE MAS AGUA Y AZUCAR A TU GUSTO. AGREGA HIELOS.

EL QUE ESTA SATISFECHO DESPRECIA HASTA LA MIEL,
PERO EL QUE ESTA MUERTO DE HAMBRE HASTA LO AMARGO ES
UN DULCE MANJAR.
PROVERVIOS 27:7

ESPECIALES

FRIJOLES CHARROS

INGREDIENTES:

4 SALCHICHAS DE TU PREFERENCIA PICADAS

4 REBANADAS DE TOCINO FRITO Y PICADO

2 CHORIZOS MEXICANOS FRITOS

1 RAMA DE CILANTRO

SAL AL GUSTO

2 JITOMATES MEDIANOS Y PICADOS

2 CHILES JALAPEÑOS PICADOS

3 DIENTES DE AJO

½ CEBOLLA MEDIANA

½ TBS/2.5ML DE COMINO MOLIDO

4 REBANADAS DE JAMON PICADO

1 TAZA DE FRIJOLES PINTOS

ACEITE EL NECESARIO

AGUA LA NECESARIA

PREPARACION:

PONEMOS A COCER LOS FRIJOLES, CUANDO YA ESTAN COCIDOS AGREGAMOS LA RAMA DE CILANTRO, EN UN SARTEN PONEMOS UN POQUITO DE ACEITE Y LO PONEMOS A CALENTAR, YA CALIENTE AGREGAMOS LA CEBOLLA Y EL AJO A QUE DOREN CUANDO ESTEN DORADOS LE AGREGAMOS UNA TAZA DE AGUA, EL COMINO, JAMON, CHORIZO, SALCHICHAS Y TOCINO ESPERAMOS A QUE TODO ESTE HIRVIENDO BIEN Y AGREGAMOS EN LA OLLA DONDE ESTAN LOS FRIJOLES DEJAMOS HERVIR HASTA QUE LOS FRIJOLES SE ESTEN DESACIENDO Y PROBAMOS SI ESTA BIEN DE SAL, SI LE FALTA AGREGAMOS AL GUSTO DEJAMOS HERVIR Y LISTO.

EL QUE CUIDA DE LA HIGUERA COME DE SUS FRUTOS; EL QUE CUIDA A SU PATRON SERA RECOMPENSADO.

PROVERIOS 27:18

POZOLE

INGREDIENTES:

1 LATA DE MAIZ POZOLERO (DEPENDE DE LA CANTIDAD QUE QUIERAS PREPARAR)

EJEMPLO:

40 OZ/1.134KG 1 LATA DE MAIZ POZOLERO	8 CHILES GUAJILLOS
4 LIMONES	1LB/1/2K DE CARNE DE PUERCO
OREGANO AL GUSTO	2 CLAVOS 2 PIMIENTAS

SAL AL GUSTO, ACEITE EL NECESARIO, 3 DIENTES DE AJO, ½ CEBOLLA MEDIANA, TOSTADAS, RABANOS, CHILES SERRANOS PICADOS, ENSALADA DE LECHUGA.

PREPARACION:

PONEMOS A COCER LA CARNE EN SUFICIENTE AGUA, CUANDO LA CARNE ESTE COCIDA DESTAPAMOS LA LATA DE MAIZ Y SE LA AGREGAMOS, PONEMOS A COCER LOS CHILES GUAJILLOS EN AGUA, LOS LICUAMOS JUNTO CON LOS CLAVOS, PIMIENTAS, AJO, CEBOLLA Y OREGANO. LO COLAMOS, EN UN SARTEN PONEMOS UN POCO DE ACEITE A CALENTAR Y AGREGAMOS LO LICUADO, CUANDO YA ESTE HIRVIENDO LO AGREGAMOS A LA OLLA DONDE ESTA LA CARNE Y EL MAIZ DEJAMOS A QUE ESTE HIRVIENDO Y AGREGAMOS SAL AL GUSTO. DEJAMOS HERVIR OTROS 5 MINUTOS Y RETIRAMOS DEL FUEGO. ESTE PLATILLO DEBE DE QUEDAR CON UN POCO DE CALDO. SE SIRVE CALIENTE, Y SE COME CON TOSTADAS, ENSALADA DE LECHUGA, RABANOS PICADOS Y LIMON.

DIOS CALMA LA SED DEL SEDIENTO, Y LE DA MOMIDA AL QUE TIENE HAMBRE.
SALMOS 107:9

MENUDO

INGREDIENTES:

2LB/1K DE PANZA DE RES   12 CHILES GUAJILLOS

1RAMA DE EPAZOTE   SAL AL GUSTO

½ CEBOLLA MEDIANA, 3AJOS, ½ TBSP/7.5 MIL DE ACEITE, AGUA LA NECESARIA, LIMONES

PREPARACION:

PONEMOS A COCER LA PANZA EN UNA OLLA GRANDE CON SUFICIENTE AGUA POR ESPACIO DE 3 HORAS DESPUES DE ESTE TIEMPO BAJAMOS DE LA LUMBRE Y ESPERAS A QUE SE ENFRIE PARA HACER LA PANZA EN PEDAZOS PEQUEÑOS O BIEN CUANDO LA PONGAS HA COCER YA ESTE EN TROZOS PEQUEÑOS; LOS CHILES LOS PONEMOS A COCER EN AGUA Y LOS LICUAMOS CON LA CEBOLLA, AJO Y 1 TAZA DE AGUA. DESPUES DE LICUARLOS LO COLAMOS, EN UN SARTEN CALENTAMOS EL ACEITE Y AÑADIMOS LO QUE SE LICUO ESPERAMOS A QUE ESTE HIRVIENDO Y LO VACIAMOS A LA OLLA DONDE ESTA LA PANZA, TAMBIEN AGREGAMOS EL EPAZOTE. ESPERAMOS POR 10 MINUTOS MÁS Y ESTA LISTO. LOS LIMONES SON PARA LA HORA DE SERVIR LOS PARTES EN 4 PEDAZOS Y LOS PONES EN UN PLATITO, SE SIRVE EL MENUDO EN PLATOS HONDOS.

DANOS HOY LOS ALIMENTOS QUE NECESITAMOS CADA DIA
MATEO 6:11

TAMALES ROJOS

INGREDIENTES:

1 LB/1/2K DE CARNE DE PUERCO

½ CEBOLLA MEDIANA

SAL AL GUSTO

AGUA LA NECESARIA

1 TAZA DE HARINA DE TRIGO

3 DIENTES DE AJO

10 CHILES GUAJILLOS

3.52OZ/100G DE MANTECA

2 TAZAS DE HARINA DE MAIZ

10 PEDASOS DE HOJA DE PLATANO

PREPARACION:

EL CHILE LO PONEMOS A COCER EN AGUA, LUEGO LO LICUAMOS JUNTO CON LA CEBOLLA Y EL AJO, DESPUES LO COLAMOS. EN UN SARTEN PONEMOS UNA CUCHARADITA DE MANTECA ESPERAMOS A QUE ESTE CALIENTE Y VERTIMOS EL CHILE EN LA MANTECA, AGREGAMOS SAL AL GUSTO Y CUANDO YA ESTE HIRVIENDO LO RETIRAMOS DEL FUEGO. LAS HARINAS LAS REVOLVEMOS BIEN ASI EN SECO CON UN POCO DE SAL Y AGREGAMOS 2 TAZAS DE AGUA, EL RESTO DE LA MANTECA Y AMASAMOS, ESTA MASA TINE QUE QUEDAR AGUADITA. LA CARNE LA LAVAMOS Y DIVIDIMOS EN 10 PORCIONES. PONEMOS UN PEDAZO DE HOJA LUEGO AGREGAMOS UN POCO DE MASA EXTENDEMOS COMO UNA TORTILLA EN LA HOJA, PONEMOS LA PORCION DE CARNE LUEGO AGREGAMOS CHILE ENCIMA Y ENVOLVEMOS. SE CONTINUA CON ESTE PROCEDIMIENTO HASTA TENER LOS 10 TAMALES ENVUELTOS. LOS PONEMOS EN UNA VAPORERA APROPIADA PARA ESTA CANTIDAD Y LOS COCEMOS POR ESPACIO DE UNA HORA.

¿QUE SOLDADO PAGA SU PROPIO SALARIO? ¿QUIEN CULTIVA UN VIÑEDO Y NO COME DE SUS UVAS? ¿QUE PASTOR CUIDA DEL REBAÑO Y NO TOMA DE SU LECHE?

1 CORINTIOS 9:7

TAMALES VERDES

INGREDIENTES:

1 LB/1/2K DE PECHUGA DE POLLO SIN PIEL NI HUESO	12 TOMATES VERDES
6 CHILES VERDES	1 RAMA DE CILANTRO
SAL AL GUSTO	AGUA LA NECESARIA
20 HOJAS DE MAIZ (TOTOMOXTLE)	2 TAZAS DE HARINA DE MAIZ

1 TAZA DE HARINA DE TRIGO, 3 DIENTES DE AJO, ½ CEBOLLA MEDIANA, 4OZ/114G DE ACEITE

PREPARACION:

PONEMOS A COCER LA PECHUGA CON UN POQUITO DE SAL, YA COCIDA LA DESHEBRAMOS. LOS CHILES Y TOMATES LOS PONEMOS A COCER, LUEGO LOS LICUAMOS CON EL AJO, CEBOLLA Y CILANTRO. EN UN SARTEN CALENTAMOS UN POQUITO DE ACEITE Y YA CALIENTE AGREGAMOS LO LICUADO, LE PONEMOS SAL AL GUSTO CUANDO YA HIRVIO LO RETIRAMOS DEL FUEGO. LAS HARINAS LAS REVOLVEMOS AGREGANDO EL CALDO DE POLLO, EL ACEITE, SAL AL GUSTO Y AGUA TIENE QUE QUEDAR UN POCO AGUADITA. LAS HOJAS LAS REMOJAMOS EN AGUA. EN UNA HOJA PONEMOS UN POCO DE MASA, LUEGO UN POCO DE POLLO Y CHILE DESPUES ENVOLVEMOS. SEGUIMOS CON ESTE PROCEDIMIENTO HASTA TENER 20 TAMALES, LOS PONEMOS EN UNA VAPORERA LOS DEJAMOS COCER POR UNA HORA Y LISTO.

PUES TU, SEÑOR, BENDICES AL QUE TE OBEDECE, COMO UN
ESCUDO LO CUBRES CON TU FAVOR.

SALMOS 5:12

TAMALES DULCES

INGREDIENTES:

1 TAZA DE HARINA DE MAIZ   ½ TAZA DE HARINA DE TRIGO

1 BARRA DE MANTEQUILLA   1 TAZA DE LECHE CONDENZADA

PASITAS AL GUSTO   COLOR ARTIFICIAL ROSA

1 CUCHARADITA DE BICARBONATO DE SODIO   20 HOJAS DE MAIZ

PREPARACION:

REVOLVEMOS LAS HARINAS Y EL BICARBONATO, AGREGAMOS LA MANTEQUILLA Y LA LECHE CONDENZADA, EL COLOR ARTICIAL Y LAS PASITAS. LA MASA TIENE QUE QUEDAR AGUADITA SI ESTO NO ES ASI LE AGREGAMOS UN POCO DE LECHE DE TU PREFERENCIA. PONEMOS A REMOJAR LAS HOJAS, ENVOLVEMOS LOS TAMALES Y PONEMOS A COCERLOS EN UNA VAPORERA APROPIADA POR ESPACIO DE UNA HORA.

TODO LO QUE DIOS CREO ES BUENO Y NADA DEBE DE SER RECHAZADO, SINO RECIBIDO CON AGRADECIMIENTO. TODO LO QUE DIOS HIZO ES PURIFICADO POR LO QUE EL DIJO Y POR LA ORACION.

1 TIMOTEO 4:4,5

CUITONES

INGREDIENTES:

1 TAZA DE HARINA DE MAIZ   ½ TAZA DE HARINA DE TRIGO
½ TAZA DE MANTECA DE PUERCO   ½ TAZA DE FRIJOLES COCIDOS SIN CALDO
1 ½ TAZA DE CALDO DE FRIJOLES   4 CHILES VERDES, ½ TAZA DE AGUA
10 PEDAZOS DE HOJA DE PLATANO   SAL AL GUSTO

PREPARACION:

REVOLVEMOS LAS HARINAS, LICUAMOS LOS CHILES CON ½ TAZA DE AGUA, AGREGAMOS LA MANTECA EL CALDO DE FRIJOLES Y SAL AL GUSTO. REVOLVEMOS TODO HASTA QUE LA MASA ESTE AGUADITA; ENJUAGAMO LAS HOJAS Y ENVOLVEMOS LOS TAMALES. PONEMOS HA COCER EN UNA VAPORERA APROPIADA POR ESPACIO DE UNA HORA Y LISTO.

HACE CRECER LA HIERBA PARA QUE SE ALIMENTEN LOS ANIMALES, Y LAS PLANTAS QUE EL SER HUMANO CULTIVA, PARA OBTENER SU ALIMENTO DE LO QUE PRODUCE LA TIERRA.
SALMOS 104:14

ENSALADA DE NOCHEBUENA

INGREDIENTES:

2 BETABELES MEDIANOS RALLADOS   2 JICAMAS RALLADAS

EL JIGO DE 2 NARANJAS   ¼ DE TAZA DE AZUCAR

½ LB/1/4 K DE CACAHUATE TOSTADO, SIN SAL Y PELADO

PREPARACION:

EN UN TRASTE APROPIADO SE REVUELVE EL BETABEL, JICAMA, JUGO DE NARANJA, AZUCAR Y CACAHUATES. SE REVUELVE HASTA QUE REALMENTE ESTE TODO BIEN INCORPORADO.

ESTA ENSALADA SE SIRVE CON EL PAVO O CUALQUIER OTRA AVE AL HORNO.

NO COMAN NADA QUE TENGA SANGRE.
NO INTENTEN PREDECIR EL FUTURO MEDIANTE LA
ADIVINACION O LA MAGIA NEGRA.
LEVITICO 19:26

SALPICON

INGREDIENTES:

1LB/1/2 K DE CARNE DE RES PARA DESHEBRAR

1 CEBOLLA MEDIANA

2 JITOMATES GRANDES PICADOS

AGUA LA NECESARIA

SAL AL GUSTO

2 AGUACATES PICADOS

PREPARACION:

EN UNA OLLA PONEMOS A COCER LA CARNE CON ½ CEBOLLA Y SAL AL GUSTO, YA COCIDA LA DESHEBRAMOS Y LA COLOCAMOS EN UN PLATON REVOLVIENDO CON EL JITOMATE, SAL AL GUSTO, AGUACATE Y MEDIA CEBOLLA PICADA FINAMENTE. REVOLVEMOS TODO MUY BIEN Y SE SIRVE CON TOSTADAS.

EL SEÑOR NOS DARA MUCHO BIEN, LLENARA LA TIERRA DE BUENOS FRUTOS.
SALMOS 85:12

ENSALADA DE LECHUGA

INNGREDIENTES:

1 LECHUGA DE TU PREFERENCIA

2 LIMONES

SAL AL GUSTO

3 GOTAS DE CLORO

PREPARACION:

PICAMOS LA LECHUGA A TU GUSTO, LA PONEMOS EN UN RECIPIENTE APROPIADO CON ABUNDANTE AGUA Y LAS 3 GOTAS DE CLORO, LO DEJAMOS REPOSAR POR 15 MINUUTOS.

PASADO LOS 15 MINUTOS OSCURRIMOS BIEN EL AGUA Y AGREGAMOS EL JUGO DE LOS LIMONES Y SAL AL GUSTO, CON ESTA ENSALADA PUEDES ACOMPAÑAR MUCHOS PLATILLOS.

ES MEJOR COMER POCO DONDE HAY AMOR, QUE COMER MUCHO DONDE HAY ODIO.

PROVERBIOS 15:17

POLLO LOCO

INGREDIENTES:

6 PIEZAS DE POLLO	2 REBANADAS DE PIÑA
2 PLATANOS MACHOS	2 MANZANAS PELADAS
1 RAJA DE CANELA	1/8 CUP/30 ML DE AZUCAR
1TSP/5ML DE SAL	3 DIENTES DE AJO
½ CEBOLLA MEDIANA	ACEITE EL NECESARIO

PREPARACION:

EN UN SARTEN PONEMOS A CALENTAR UN POCO DE ACEITE, PICAMOS LAS MANZANAS Y LAS FREIMOS, PICAMOS LOS PLATANOS EN RODAJAS GRANDES Y LOS FREIMOS, PICAMOS LA PIÑA EN TROZOS MEDIANOS LOS FREIMOS. EN UNA OLLA PONEMOS A COCER EL POLLO CON LA CANELA HASTA QUE EL POLLO ESTE UN POCO BLANDITO; AGREGAMOS TODAS LAS FRUTAS FRITAS, AZUCAR Y SAL. EN UN SARTEN PONEMOS UN POQUITO DE ACEITE Y EN EL FREIMOS LOS AJOS Y LA CEBOLLA CUANDO YA ESTAN FRITAS AGREGAMOS CALDO EN EL SARTEN, ESPERAMOS A QUE ESTE HIRVIENDO Y VACIAMOS A LA OLLA ESPERAMOS POR 10 MINUTOS MAS QUE ESTE HIRVIENDO Y SERVIMOS.

SEMBRARON EN SUS CAMPOS, PLANTARON VIÑEDOS Y TUVIERON BUENAS COSECHAS.

SALMOS 107:17

MOLE DE OLLA

INGREDIENTES:

4 TROZOS DE CHOMORRO DE   1 PAPA GRANDE
  RES (CHAMBARETE)

4 ZANAHORIAS   2 ELOTES PARTIDOS A LA MITAD   12 EJOTES (FRIJOL VERDE)

3 CHILES GUAJILLOS   3 DIENTES DE AJO   ½ CEBOLLA MEDIANA

2 CHAYOTES   SAL AL GUSTO   AGUA LA NECESARIA   ACEITE

PREPARACION:

PONEMOS A COCER LA CARNE EN UNA OLLA GRANDE CON SUFICIENTE AGUA, LOS CHILES LOS PONEMOS A COCER EN AGUA, LOS LICUAMOS Y COLAMOS; EN UN SARTEN PONEMOS UN POCO DE ACEITE Y AGREGAMOS LA CEBOLLA Y AJOS PICADOS, CUANDO YA ESTEN DORADOS AGREGAMOS EL CHILE LICUADO, ESPERAMOS A QUE ESTE HIRVIENDO E INCORPORAMOS A LA OLLA DONDE ESTA LA CARNE, LE PONEMOS SAL AL GUSTO Y SI LA CARNE ESTA YA CASI COCIDA AGREGAMOS LAS VERDURAS, ESPERAMOS A QUE TODO ESTE BIEN COCIDO Y A DISFRUTARLO.

HONRA AL SEÑOR CON TUS RIQUEZAS Y CON LOS PRIMEROS FRUTOS DE TUS COSECHAS.
PROVERBIOS 3:9

CHILAQUILES

INGREDIENTES:

5 TORTILLAS	SAL AL GUSTO	ACEITE EL NECESARIO
1 RAMITA DE EPAZOTE	5 CHILES GUAJILLOS	
QUESO RALLADO	2 DIENTES DE AJO	1 PEDASITO DE CEBOLLA
AGUA LA NECESARIA		

PREPARACION:

EN UN SARTEN PONES ACEITE Y FRIES LAS TORTILLAS UNA POR UNA, LOS CHILES LOS COCES EN AGUA Y LUEGO LOS LICUAS CON UNA TAZA DE AGUA, AJOS Y CEBOLLA. EN UNA OLLA PONES POQUITO ACEITE CUANDO YA ESTE CALIENTE AGREGAS LO LICUADO Y PONES SAL AL GUSTO ESPERAS A QUE ESTE HIRVIENDO BIEN Y DESPEDAZAS LAS TORTILLAS EN ESTA SALSA TIENE QUE ESTAR LAS TORTILLAS CUBIERTAS CON LA SALSA SI NO ES ASI AGREGA UN POCO DE AGUA. SE RETIRA DEL FUEGO CUANDO CASI ESTA SECO. AL SERVIR SE LE PONE QUESO RALLADO ENCIMA.

TU CANASTA Y TU TAZON DE AMASAR SERAN BENDITOS.
DEUTERONOMIO 28:5

FAJITAS ESPECIALES

INGREDIENTES:

8OZ/250G DE FAJITAS DE RES
½ CEBOLLA FILETEADA
8OZ/250G DE CHAMPIÑONES
1 HOJA DE LAUREL
ACEITE EL NECESARIO

8OZ/250G DE FAJITAS DE POLLO
3 DIENTES DE AJO FILETEADOS
SAL AL GUSTO
2 CHILES SERRANOS REBANADOS
AGUA LA NECESARIA

PREPARACION:

EN UN SARTEN GRANDE PONEMOS A CALENTAR UN POCO DE ACEITE Y AGREGAMOS LAS FAJITAS, VOLTEAMOS POR 5 MINUTOS Y AÑADIMOS LA CEBOLLA, AJOS, HOJA DE LAUREL, SAL AL GUSTO, CHAMPIÑONES, CHILES Y UNA TAZA DE AGUA. DEJAMOS POR ESPACIO DE 20 MINUTOS Y SI LA CARNE ESTA YA COCIDA RETIRAMOS DEL FUEGO SI NO ENTONCES DEJAMOS OTRO RATO TENIENDO CUIDADO QUE NO SE QUEME SI NECESITA AGUA SE PUEDE AGREGAR PERO AL FINAL DEBE DE QUEDAR UN POCO SECO.

CUANDO EL GRANO ESTA MADURO, EL HOMBRE LO RECOGE PORQUE YA ES TIEMPO DE COSECHAR.
MARCOS 4:29

COMENTARIOS

- LA TORTIADORA ES PARA HACER TORTILLAS PUEDE SER DE MADERA O DE ACERO, PARA HACER TORTILLAS SE LE PONE DOS PLASTICOS REDONDOS QUE SE PUEDEN HACER CON CUALQUIER BOLSA CALCULANDO EL TAMAÑO DE LA TORTIADORA, PARA QUE LA MASA NO SE PEGE EN LA TORTIADORA Y SE PUEDAN HACER LAS TORTILLAS.

- PARA QUE ESTAS RECETAS TE SALGAN BIEN NECESITAS CUCHARAS MEDIDORAS Y UNA TAZA MEDIDORA, TAMBIEN UNA BASCULA DE COCINA.

- UNA SALSERA ES UN RECIPIENTE ESPECIAL PARA PONER SALSA.

- PARA ENVOLVER LOS TAMALES SIEMPRE TIENES QUE PONER LA MASA EN EL CENTRO DE LA HOJA Y CON EL BORDE TAPARLOS, SI ES EN HOJA DE PLANO PUEDEN QUEDAR CUADRADOS O RECTANGULARES Y SI SON EN HOJA DE MAIZ PUEDES AMARRAR EN LOS DOS EXTREMOS PARA QUE NO SE TIRE EL CONTENIDO.

- EL TAMAÑO APROXIMADO DE LA HOJA DE PLATANO ES DE 10 PULGADAS/25 CENTIMETROS

- FILETEAR ES CORTAR ALGO EN TIRAS COMO POR EJEMPLO LA CEBOLLA, SE CORTA LA BASE DE LA CEBOLLA Y SE COMIENZA HACER CORTES EN ESTA DIRECCION.